Herausgeber: Polyglott-Redaktion
Autor: Franz-Josef Krücker
Lektorat: Gudrun Beste
Art Direction: Illustration & Grafik Forster GmbH, Hamburg
Karten und Pläne: Annette Buchhaupt
Titeldesign-Konzept: V. Barl
Realisation: Studio Wolf Brannasky
Umschlagmotiv: Dschunke in der Halong-Bucht

Der Autor dankt der Deutschen Lufthansa und Saigontourist
für die freundliche Unterstützung.

Ergänzende Anregungen, für die wir jederzeit dankbar sind,
bitten wir zu richten an:
Polyglott-Verlag, Redaktion, Postfach 40 11 20, D-80711 München.

Alle Angaben wurden sorgfältig geprüft. Dennoch kann eine Gewähr
für Vollständigkeit und Richtigkeit nicht übernommen werden.

Zeichenerklärung

❶ Information
✈ Flugverbindungen
🚂 Eisenbahnverbindungen
🚌 Busverbindungen
🚢 Schiffsverbindungen
🕙 Öffnungszeiten
☎ Telefonnummer
📠 Faxnummer
🏨 Hotel (pro Doppelzimmer)
$⑨⟩ ab 80 US $
$⑨⟩ 30–80 US $
$⑨ 10–30 US $
🏛 Restaurant
(pro Person, ohne Getränke)
$⑨⟩ ab 10 US $
$⑨⟩ 4–10 US $
$⑨ unter 4 US $

Routenpläne

① Route mit Routenziffer
Autobahn, Schnellstraße
sonstige Straßen, Wege
Staatsgrenze, Landesgrenze
National-, Naturparksgrenze

Stadtpläne

Durchgangsstraße
sonstige Straßen
Fußgängerzone
Fußweg

Erste Auflage 1996
Redaktionsschluß: September 1995
© 1996 by Polyglott-Verlag Dr. Bolte KG, München
Printed in Germany
Gedruckt auf chlorfrei gebleichtem Papier
ISBN 3-493-62931-1

Polyglott-Reiseführer

Vietnam

Franz-Josef Krücker

Polyglott-Verlag München

Allgemeines

Städtebeschreibungen

Hanoi – Die Last des Nordens   S. 30

In der vietnamesischen Hauptstadt blieben nicht nur die baumbestandenen Boulevards mit ihren Villen erhalten, sondern auch die faszinierende Altstadt der Handwerker.

Ho-Chi-Minh-Stadt – Die Lust des Südens   S. 47

Die Metropole des Südens lebt wieder auf, gewinnt wieder ihre sonnige Leichtigkeit, ihren chinesischen Krämergeist und ein wenig von ihrer mysteriösen Verruchtheit, die ihr einst das Etikett „Paris des Ostens" aufgeklebt hat.

Hue – Die Anmut der Flußlandschaft   S. 61

Vor dem Hintergrund einer Hügelkette säumt die Hauptstadt des 19. Jhs. die Ufer des „Flusses der Wohlgerüche". Die Reste des chinesisch geprägten Palastes, Königsgräber und Tempel am Fluß prägen diese beschauliche Stadt, die sich von der Hektik der Moderne noch nicht hat anstecken lassen.

Route 1

Spielwiese des Drachen S. 66

Nur ein übermütiger Drache kann die 3000 Inseln so idyllisch in die weite Ha-Long-Bucht verstreut haben – Sie werden es glauben, wenn Sie mit Ihrem Boot hindurchgleiten.

Route 2

Ein Dom, skurrile Felsen und alte Könige S. 68

Eine überraschende Symbiose von Ost und West, uralte vietnamesische Geschichte und eine ungemein reizvolle Landschaft locken auf dieser Fahrt.

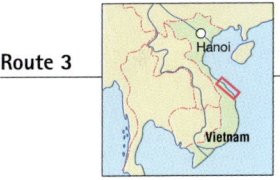

Route 3

Tempel und Paläste S. 72

Mit dem Wolkenpaß überqueren Sie die Wetterscheide des Landes. Auf den Spuren des alten Volkes der Cham wandeln Sie im Museum von Da Nang und im Tempeltal von My Son.

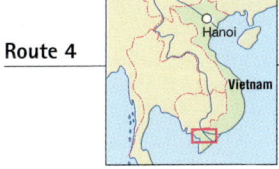

Route 4

Das Mekong–Delta S. 78

Wenn Sie Zeit haben, können Sie fünf Tage lang durch grüne Felder fahren und dabei in die üppige tropische Vegetation und den Alltag der Menschen am Ufer des Mekong eintauchen.

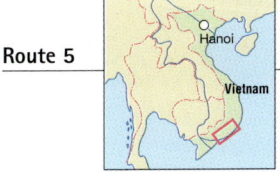

Route 5

Hochland, Strand und Cham-Türme S. 83

Angenehm ist das Klima in der Hochebene um Da Lat. Strandleben wartet in der reizvollen Küstenstadt Nha Trang auf Sie. Kulturbeflissene schauen sich die Cham-Türme an.

Fremde Kulturen kennenlernen und gastfreundlichen Menschen begegnen – wie sehr genießen wir das auf Reisen. Zu Hause bei uns jedoch wird mancher Ausländer von einer kleinen Minderheit beschimpft, bedroht und sogar mißhandelt. Alle, die in fremden Ländern Gastrecht genossen haben, tragen hier besondere Verantwortung. Deshalb: Lassen Sie es nicht zu, daß Ausländer diffamiert und angegriffen werden. Lassen Sie uns gemeinsam für die Würde des Menschen einstehen.

Verlagsleitung und Mitarbeiter des Polyglott-Verlages

Editorial

Ein Land im Aufbruch. Täglich eröffnen in den Städten neue Essensbuden, Handwerksbetriebe und Läden. Neue Waren kommen in die Geschäfte, Wagenladungen von Obst und Gemüse auf die Märkte, dazu Fisch und Fleisch. Ein unglaublicher Bauboom ist in Saigon ausgebrochen, etwas gebremst auch in anderen Orten, und selbst die behäbige Haupt- und Bürokratenstadt Hanoi scheint aufgewacht. Der sozialistische Staat hat die Wirtschaft angekurbelt, exportiert Öl und Kohle, sogar Reis in die asiatischen Nachbarländer.

Nachdem der erste Schock über die tiefgreifenden Veränderungen in der sozialistischen Welt verflogen war, setzte der Reformflügel der Partei sein eigenes Programm der Umgestaltung durch: Seit 1986 gilt *doi moi*, die neue Wirtschaftpolitik, die auch die Gesellschaft befreite. Nach dem Abzug der vietnamesischen Truppen aus Kambodscha konnte dann auch die internationale Isolierung durchbrochen werden. Und schließlich beschritt man den Weg der Versöhnung zwischen den ehemaligen Kriegsgegnern: Der französische Präsident Mitterrand besuchte Vietnam, und der amerikanische Präsident Clinton hob das Wirtschaftsembargo auf.

Den Aufschwung spüren auch die Besucher. Neue Hotels und Restaurants entstehen, die Infrastruktur wird überall ausgebaut, historische Stätten und Sehenswürdigkeiten werden restauriert. Dieser Aufschwung ist undenkbar ohne die Menschen in Vietnam. Die meisten haben in Kriegen gelitten. Dennoch sehen sie optimistisch in die Zukunft, bauen sich mit viel Mut und Geschick eine Existenz auf und heißen – trotz leidvoller Erfahrungen der Vergangenheit – die Fremden freundlich und neugierig willkommen.

Vietnam: ein Land im Aufbruch

Der Autor

Franz–Josef Krücker studierte Sozialwissenschaften, Englisch und Pädagogik und beschäftigt sich seit mehr als zehn Jahren journalistisch mit Asien. Von 1991 bis 1994 arbeitete er in Hongkong und besuchte von dort aus Vietnam auf mehreren ausgedehnten Reisen. Heute lebt er als freiberuflicher Autor, Übersetzer und Lektor in München.

Vietnam – der fünfte Tiger?

Während die Amerikaner ihr Vietnam-Trauma durch einen Wirtschaftsboykott zu bewältigen suchten und die Europäer sich mit sich selbst beschäftigten, bemühten sich die Asiaten, einen ganzen Tigerkäfig im Gefolge des Wirtschaftswunderlandes Japan heranzuziehen. Seit Vietnam 1986 seine Wirtschaftspolitik änderte, liegt dort ein Betätigungsfeld für mit Dollarbündeln heimgekehrte Flüchtlinge und Investoren aus Taiwan, Hongkong, Singapur und Korea, den vier „kleinen Tigern". Wird Vietnam die Nummer fünf?

Die Ausgangsposition ist ähnlich: Im vom Krieg zerstörten Land herrscht großer Nachholbedarf bei allem. Doch die Voraussetzungen sind anders: Schon jetzt ist Vietnam hin und her gerissen zwischen staatlichen Plänen und Kontrollen einerseits und Investoren andererseits, die weder auf historische Bauten noch auf gewachsene Gemeinschaften Rücksicht nehmen, sondern glauben, sie könnten tun und lassen, was sie wollen. Schon schwankt das Land zwischen dem Schutz und der Sicherheit in den Armen einer alles kontrollierenden Partei und dem Nachholbedarf an persönlichen Freiheiten und Erlebnissen. Schon klafft ein sich weitender Spalt zwischen Arm und Reich, zwischen Dong und Dollar, zwischen Land und Stadt. Das durchschnittliche Pro-Kopf-Einkommen gehört immer noch zu den niedrigsten der Welt, und schnell steigende Bevölkerungszahlen werden an der Statistik wenig ändern. Die dringende „Empfehlung", nur ein Kind zu bekommen, erscheint zwar notwendig, nagt jedoch an den Traditionen der Gesellschaft. Nicht zuletzt gibt es Spannungen zwischen dem weltoffenen Süden und dem traditionellen, konservativen Norden.

Landschaften

Vietnam wird häufig mit einer durchgebogenen Tragestange aus Bambus verglichen, an deren Enden zwei Reiskörbe hängen – ein Bild für die Form des Landes als langgezogenes S; die Reiskörbe sind die beiden fruchtbaren Tiefebenen im Norden und im Süden. Fast 1700 km mißt Vietnam von Nord nach Süd, nur 50 km an der schmalsten Stelle von West nach Ost, von der laotischen Grenze zum Südchinesischen Meer. Den Norden, das ursprüngliche Siedlungsgebiet der Viet, durchzieht der im chinesischen Yunnan entspringende Rote Fluß (Song Hong), der seinen Namen von den rötlichen Sedimenten erhielt, die er mit sich führt. Diese Sedimente erhöhen das Flußbett beständig, so daß seit alters her Deichbauten den Fluß kontrollieren müssen. Andererseits lassen sich die Sedimente gut als Dünger nutzen. Also durchziehen unzählige Bewässerungskanäle das Flußdelta und machen es zur Reiskammer des Nordens.

Steckbrief

Ausdehnung:
23 °22' bis 8 °33' nördlicher Breite, 102 °8' bis 109 °28' östlicher Länge

Fläche: 331 000 km²

Hauptstadt: Hanoi
mit ländlicher Umgebung
3,5 Mio. Einwohner

Bevölkerung: 71 Mio.

Bevölkerungswachstum: 2,3 %

Durchschnittliche Lebenserwartung: 67 Jahre

Bevölkerungsdichte: am höchsten in den Delten des Mekong und des Roten Flusses, ca. 1000 Einw./km²

Wirtschaftswachstum: in den letzten Jahren rund 8 %

Die nördliche Landesgrenze zu China und der Nordwesten, der schon an Laos grenzt, werden vom Gebirgszug Hoang Lien gebildet, in dem mit dem Phan Si Pan (3143 m) der höchste Berg des Landes liegt. Diese einst vollständig von Wald bedeckte Region ist durch jahrhundertelange Abholzung und Brandrodung inzwischen völlig kahl, so daß die dort lebenden Bergvölker sich kaum noch selbst versorgen können.

Von Norden nach Süden bildet die 1200 km lange Truong-Son-Gebirgskette, die vereinzelt bis auf 2500 m hinaufreicht, eine natürliche Grenze zu Laos und Kambodscha, die immer auch eine Kulturgrenze war. Nach Osten hin, zur Küste, fällt dieses Gebirge in mehreren Stufen ab, zu einem Vorgebirge zunächst, dem zentralen Hochland, und dann zu einem schmalen Küstenstreifen. Auch das Hochland war einst von Wald bedeckt und weist heute kaum noch einen Baum auf (siehe Natur und Umwelt, Seite 10 f.).

Der zweite und schwergewichtigere Reiskorb ist das südliche Mekong-Delta. Wegen der neun Hauptarme des Flusses nennen die Vietnamesen es *cuu long*, „neun Drachen". Ganz im Südosten befinden sich kilometerweite Mangrovensümpfe, die jedoch von den Amerikanern massiv mit Pestiziden verseucht wurden, so daß sie heute eher einer Mondlandschaft ähneln.

Im Norden:
Reisterrassen im Bergland

Relativ gut erholt haben sich die weiter landeinwärts gelegenen flußnahen Gebiete, in denen jetzt wieder drei Reisernten im Jahr möglich sind. Seit der Liberalisierung der Wirtschaftspolitik finden sich auch zunehmend Obst- und Blumengärten und im Fluß Zuchtstationen für Fische und anderes Wassergetier.

Die größte Insel Vietnams liegt ganz im Süden schon vor der Küste Kambodschas. Sie heißt Phu Quoc, ist nicht sehr dicht besiedelt und noch

Im Süden:
Das fruchtbare Mekong-Delta

recht ursprünglich. Um die Paracel-Inseln (400 km vor Da Nang) und die Spratly-Inseln (500 km vor der Südostküste) streitet sich Vietnam mit mehreren Ländern der Region.

Klima und Reisezeit

Monsunwinde und Höhendifferenzen beeinflussen das Klima dieses langgestreckten Landes am stärksten. Zudem befindet man sich nördlich des Wolkenpasses zwischen Hue und Da Nang in den Subtropen, südlich davon in den Tropen.

Zu keiner Jahreszeit ist das Wetter im ganzen Land auch nur annähernd gleich, und so kann auch kein Monat als beste Reisezeit für ganz Vietnam empfohlen werden.

Im *Norden* sind die Schwankungen zwischen den beiden Jahreszeiten Sommer und Winter nicht so groß. Der Sommer beginnt im April, wenn die Temperaturen bei hoher Luftfeuchtigkeit steigen; Regenschauer sind das ganze Jahr über möglich, gehäuft aber müssen Sie im Juli und August damit rechnen. Ab September sinken die Temperaturen bis auf rund 15 °C im Januar, was bei ebenfalls hoher Luftfeuchtigkeit sehr unangenehm ist. Im Februar und März nieselt es oft tagelang. Bester Reisemonat: November.

Im *Süden* kann es sehr heiß werden. Von Januar bis in den April hinein klettert das Thermometer täglich auf Werte über 30 °C. Anfangs ist die Luftfeuchtigkeit noch nicht so hoch, doch im April und Mai erreicht sie Werte bis über 90 %, was extrem schweißtreibend ist. Die Regenzeit ab Mai äußert sich in täglichen kurzen Schauern, die eher als Abkühlung empfunden werden. Den Süden können Sie das ganze Jahr über bereisen, am angenehmsten aber wohl im Dezember und Januar.

Mittelvietnam gliedert sich klimatisch in die nördliche und die südliche Küstenregion sowie das Hochland von Da Lat. Im nördlichen Bereich der Küste ist das Wetter am schlechtesten, von August bis Januar fallen ausgiebige Niederschläge. In dieser Zeit fegen auch sehr gefährliche Taifune über die Küste. Die trockensten Monate sind Juni und Juli.

An der südlichen Küste bringt der Südwestmonsun Regen von Oktober bis Dezember. Danach wird es immer heißer, von Mai bis September dauert die Trockenzeit. Hier hält man es in den ersten Monaten des Jahres am besten aus.

Im Hochland um Da Lat ist der Wetterfrosch am launischsten. Ausläufer sowohl des Südwest- als auch des Nordostmonsuns können fast das ganze Jahr über Regenfälle bringen. Die trockenste Zeit liegt zwischen Dezember und März, aber auch in den anderen Monaten ist das Wetter nie lange wirkliche schlecht. Die Temperaturen liegen regelmäßig um 5–10 °C unter denen in Saigon, was oft sehr erfrischend sein kann.

Natur und Umwelt

Vietnam war einst zu mehr als zwei Dritteln von tropischem Regenwald bedeckt. Richtete die Tradition der Brandrodung noch relativ wenig Schaden an, fielen große Waldflächen den französischen Kolonialherren zum Opfer, die das Tropenholz verkauften und dann auf den Freiflächen Kautschuk-, Tabak- und Kaffeeplantagen anlegten. Zur Katastrophe kam es aber mit den Vernichtungsaktionen der Amerikaner im Krieg. Großflächige Entlaubungsaktionen, Verbrennungen mit Napalm und die Bombenteppiche trafen vor allem die Mangrovenwälder im Süden, die Waldgebiete im zentralen Hochland und im Grenzgebiet zu Laos und Kambodscha (wo man den Ho-Chi-Minh-Pfad bloßlegen wollte) sowie die industrialisierte Region zwischen Hanoi und der Küste. Dioxine und andere Gifte befinden sich auch 20 Jahre später noch im Boden und in der Nahrungskette.

Heute sind höchstens noch 30 % der Fläche des Landes mit Wald bedeckt. Wiederaufforstungsprogramme sollen die Natur schützen, doch schnellwachsende Monokulturen von Kiefern und Eukalypten können die Vielfalt der Regenwälder mit bis zu 150 verschiedenen Arten nicht ersetzen. Einige Regionen sind inzwischen als Naturschutzgebiete ausgewiesen: Cat Ba auf einer Insel vor Hai Phong, Cuc Phuong zwischen Hanoi und Ninh Binh und Cat Tien an der Strecke von Saigon nach Da Lat. Dort leben noch zahlreiche Wildtiere, vor allem Rinder, Hirsche, Affen, Tapire, Wildschweine und Hunde. Ob tatsächlich auch Nashörner, Tiger, Leoparden und wilde Elefanten überlebt haben, ist mangels Forschung nicht bekannt. Relativ gesichert ist die Existenz von Waranen, Krokodilen, großen Schlangen und zahlreichen Vogelarten wie Nashornvögeln, Pfauen und einige Greifvögel.

Häufig begegenen werden Ihnen Haustiere wie Hunde, Enten, Gänse, Hühner, Schweine und Rinder, vor allem aber die fleißigen Wasserbüffel.

Die Artenvielfalt der Insekten reicht von bunten Schmetterlingen über leuchtende Käfer bis zu wenig beliebten Kakerlaken und Mücken. Gegen letztere helfen Eidechsen und flinke, völlig harmlose Geckos, die an Wänden und Decken auf Jagd gehen.

In den Flüssen schwimmen zahllose Fischarten, die aber zunehmend in der Küche landen. Schon hängen im Mekong und anderen küstennahen Gewässern große Käfige für die Fischzucht. Auch Muscheln, Garnelen und andere Meerestiere werden auf Farmen herangezogen.

Auch Pflanzen werden vor allem auf ihre Nützlichkeit hin überprüft. So betreibt man jetzt unter staatlicher Aufsicht große Plantagen mit Eukalyptusbäumen, Kaffee, Tee, Tabak, Kokospalmen und neuerdings auch mit Ananas und Bananen. Ins Auge fallen die Pfefferpflanzen, die sich auf kleinen Fel-

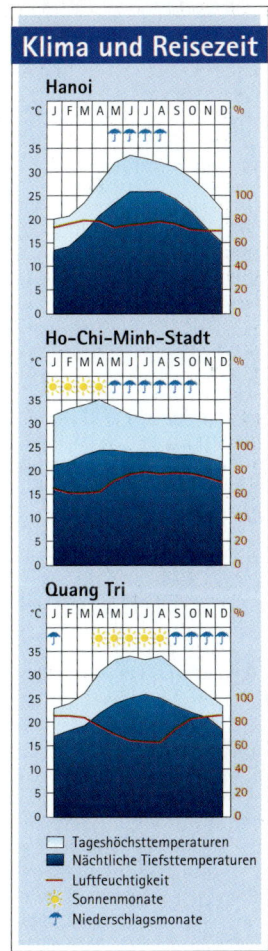

Klima und Reisezeit

Hanoi

Ho-Chi-Minh-Stadt

Quang Tri

☐ Tageshöchsttemperaturen
■ Nächtliche Tiefsttemperaturen
— Luftfeuchtigkeit
☀ Sonnenmonate
⛱ Niederschlagsmonate

dern an etwa 2 m hohen Ziegelkaminen hochranken. Auf ärmeren Böden wird viel Maniok angebaut, im fruchtbaren Mekong-Delta hingegen Obst.

Bevölkerung

Von den heute 71 Mio. Bewohnern gehören etwa 88 % zu der Gruppe der ethnischen Viet, die sich selbst *kinh* nennen. Alle anderen werden in 53 anerkannte „Minderheiten" unterteilt, die häufig noch starken Diskriminierungen ausgesetzt sind.

Die **Viet** stammen wahrscheinlich aus einer Verschmelzung von mongolisch-chinesischen und austro-malaiischen Völkern und wanderten in grauer Vorzeit aus dem heutigen Südchina in das Delta des Roten Flusses. Ihre Sprache ist stark von den nördlichen Vorfahren geprägt. Lebendig sind aber immer noch einige Bräuche aus dem melanesisch-malaiischen Kulturerbe, die es auf den Inseln Südostasiens gibt, nicht aber in China. Dazu gehören das Betelkauen, das Spitzfeilen und Schwärzen der Zähne sowie Tätowierungen.

Aus den Viet-Siedlungen im Norddelta entwickelte sich das traditionelle Dorf, das zur Grundlage der vietnamesischen Kultur wurde – bis heute fühlen sich deshalb die Nordländer den Südländern überlegen. Das Dorf bildete die wichtigste gesellschaftliche Einheit, eine ökonomische Gemeinschaft, die neben der Feldarbeit oft auf ein Handwerk spezialisiert war. Die Abschottung nach außen dokumentieren hohe Bambushaine und Hecken rundherum. Ein Teil des Landes gehörte der Gemeinschaft; hier wurde der *dinh,* das Gemeinschaftshaus erbaut, mit einem Tempel für den Schutzgott, den sich die Dorfbewohner selbst aussuchten; er konnte aus der animistischen Tradition der Naturgötter stammen, ein nationaler Held sein oder dem daoistischen oder buddhistischen Kanon angehören. Die chinesischen Kolonialherren hatten keine Probleme, den Menschen die

starre konfuzianische Gesellschaftspyramide überzustülpen, denn sie paßte gut zur konservativen Gemeinschaftsordnung und wird heute von den Kommunisten beibehalten.

Im Süden waren die Dorfstrukturen nie so eng, hier stand mehr die Familie im Vordergrund. In den heutigen Städten haben sich viele Strukturen aufgelöst. Die Familienbande halten jedoch weiter, und auch die konfuzianischen Hierarchiegebäude sind noch deutlich spürbar.

Während die Viet zunächst nur im Delta des Roten Flusses siedelten, lebten im mittleren Teil des heutigen Vietnam die **Cham.** Das austro-asiatische Volk sprach eine malaiisch-indonesische Sprache. Im 1. und 2. Jh. übernahmen sie den Hinduismus. Spätestens ab dem 7. Jh. beherrschten sie weite Teile Mittelvietnams und errichteten turmartige Tempelbauwerke für ihre Hindugötter, die teilweise die Züge der Könige trugen. Parallel existierte im Cham-Reich der Buddhismus, der im 9. Jh. für kurze Zeit sogar zur Staatsreligion erhoben wurde. Ab dem 10. Jh. begann mit dem Aufstieg der Khmer in Angkor und mit den ersten Ausdehnungsbestrebungen der Viet nach Süden der Zerfall des Cham-Reiches. Auch die vorübergehende Besetzung Angkors und die Brandschatzung der vietnamesischen Hauptstadt (1371) konnten den Niedergang nicht aufhalten, der schließlich im 17. Jh. besiegelt war.

Heute leben noch etwa 75 000 Cham in Zentral- und Südvietnam, meist in ethnisch geschlossenen Dörfern im Küstenstreifen. Die meisten sind heute Muslime, haben aber ihre alte Sprache und Schrift beibehalten. In einzelnen Cham-Heiligtümern werden allerdings wieder traditionelle Feiern nach dem hinduistischen Kalender abgehalten.

Die ursprünglich hinduistischen, später Theravada-buddhistischen **Khmer** waren Vasallen des Reiches Funan ganz im Süden des heutigen Vietnam. Als dieses Reich zerbröckelte, zogen sie nach Nordwesten und gründeten nördlich des Großen Sees, des Tonle Sap, eine eigene Hauptstadt: Angkor.

Im Mekong-Delta blieben nur wenige Gruppen zurück; einzelne buddhistische Tempel sind dort noch erhalten. Heute leben wieder rund 800 000 Khmer im südlichen Vietnam; die meisten sind Flüchtlinge aus Kambodscha.

Im Laufe der tausendjährigen chinesischen Herrschaft über Vietnam, zeitweise auch als Flüchtlinge bei Dynastiewechseln, wanderten Tausende von **Chinesen** in Vietnam ein und fanden vor allem in den Handelsstädten ihr Betätigungsfeld. Bei der Gründung der

Eine Hmong-Frau

Minderheiten

Das größte Volk nach den Viet sind die *Thai*, insgesamt rund 3 Mio., die in verschiedenen Gruppen vor allem im Nordwesten, dem Grenzgebiet zu China und Laos, leben. Sie bauen Holzhäuser auf Pfählen und pflanzen seit je her Naßreis an – eine besondere Kulturleistung. Mit ihnen verwandt sind etwa 1 Mio. *Meo* und *Dao*, die meist in den höheren Bergregionen bis heute halbnomadisch leben: Sie bauen auf brandgerodeten Feldern Trockenreis an.

Im nördlichen Teil des zentralen Hochlandes, jenseits von Hue und Da Nang, siedeln kleinere Gruppen von *Mon-Khmer-Völkern;* zu den größeren gehören die *Bana*. Sie leben in abgeschlossenen Dörfern, in denen sich die strohgedeckten Stelzenhäuser der Familien um ein Gemeinschaftshaus mit einem steil aufragenden Dach gruppieren. Ein großes Holzkreuz gegenüber dem Eingang zeigt an, daß die Bana – wie einige der Nachbarvölker, während der Kolonialzeit zum Christentum bekehrt wurden. Da einige Gruppen in den jüngsten Kriegen auf der Seite von Franzosen und Amerikanern standen, werden sie bis heute von der Regierung mit Skepsis beobachtet.

Im südlichen Hochland, in der Umgebung von Buon Ma Thuot und Da Lat, begegnet man den *Rai, Ede* und *Raglai*, die ursprünglich aus dem austro-indonesischen Raum stammen und malaiisch-polynesische Sprachen sprechen. Ganze Familienverbände leben hier in auf Stelzen errichteten Langhäusern. Die Frauen spielen in der Gemeinschaft eine wichtige Rolle: Bei den Ede verwaltet die angesehenste Frau die Angelegenheiten und das Eigentum des ganzen Dorfes. Oft initiieren Frauen die Heirat. Die Kinder tragen den Familiennamen der Mutter, und das Erbe geht auf die jüngste Tochter über.

Die Lage der Bergvölker hat sich nach ökonomischen und kulturellen Benachteiligungen inzwischen etwas verbessert. Zumindest dürfen die Menschen wieder die traditionelle Kleidung tragen und die eigene Sprache sprechen. Über Quoten gelangen Angehörige der Minderheiten in Universitäten, Parlamente und Verwaltungen – wenn sie nicht aus der Parteilinie ausscheren. Doch die Dorflehrer, die die Regierung in die abgelegenen Berggebiete schickt, sprechen meist nur ihre eigene Sprache: Vietnamesisch.

südlichen Metropole im 17. Jh. wurde den Chinesen eine eigene Marktstadt zugestanden – Cholon, das inzwischen mit Saigon zu einer Riesenstadt zusammengewachsen ist.

In jüngster Zeit wurden die Chinesen nicht immer gut behandelt. Nach der Vereinigung von 1975 wurden viele enteignet und in die Flucht getrieben – die meisten *boat people* waren Chinesen. 1979 litt diese Volksgruppe erneut: Vietnam hatte das von China gestützte Pol-Pot-Regime in Kambodscha vertrieben, wofür sich die Chinesen mit einem „Straffeldzug" in Nordvietnam rächten. Die Vietnamesen wiederum verstärkten den Druck auf die chinesischen Händler in Cholon, die daraufhin in Scharen flohen.

Inzwischen blüht Cholon wieder auf, und vorsichtige Rückwanderungsbewegungen finden statt.

Wirtschaft

Die Franzosen verwandelten das Agrarland, das traditionell von Familien bewirtschaftet wurde, in eine typische Kolonialökonomie: Sie exportierten Bodenschätze (v. a. Kohle, Erze, Edelmetalle) und Plantagenprodukte (Kautschuk, Kaffee, Tee, Tabak, Tropenhölzer, Pfeffer). Im Norden wollte Ho Chi Minh dann eigentlich „das Land dem Pflüger" geben, doch seine Genossen setzten lieber auf Kollektivierung und sozialistische Planwirtschaft. Im Süden hatte man dagegen im Agrarbereich und im Handel auf die Privatwirtschaft gesetzt, doch ab den 60er Jahren stand die Ökonomie ganz im Zeichen des Kriegs und der Abhängigkeit von den USA. Nach der Wiedervereinigung von 1975 wurde auch dort die Kollektivierung erzwungen, was Tausende zur Flucht veranlaßte. Ein ökonomischer Infarkt drohte, der nur mühsam durch Unterstützungsleistungen der UdSSR verhindert wurde. Die nutzte dafür den Hochseehafen Cam Ranh und transportierte den größten Teil des vor Vung Tau gewonnenen Öls ab.

Nach Ende des Krieges erließen die USA ein striktes „Verbot des Handels mit dem Feind". Wegen der Besetzung Kambodschas war Vietnam international weitgehend isoliert, und als dann in der Sowjetunion mit der Perestroika die Weltmarktpreise Einzug hielten, sah sich auch die vietnamesische Führung zum Umsteuern gezwungen. Sie nannte ihr Programm von 1986 *doi moi*: Das Kollektiv sollte zwar Eigentümer des Landes bleiben, die Familien durften jedoch wieder eigenverantwortlich wirtschaften. Ein festgelegter Teil der Ernte mußte abgeführt werden, alles, was darüber hinaus ging, durfte auf den wieder geöffneten Märkten verkauft werden. Erstaunlich schnell steigerten sich daraufhin die Ernten von Reis, Obst und Gemüse.

Der staatlich kontrollierte Export stieg ebenfalls: insbesondere von Öl und Kohle an den neuen Abnehmer Japan, von Kautschuk, Kaffee, gezüchtetem Fisch und Krustentieren.

Ausländer können heute in Vietnam investieren, vor allem in Joint-ventures, und diese Chancen nutzen besonders rege Auslandsvietnamesen und asiatische Nachbarn.

Doch Probleme bleiben. Sie liegen in der mangelnden Infrastruktur und den großen Unterschieden in Geographie und Siedlungsdichte.

Die schnell steigende Bevölkerungszahl scheint am schwersten zu kontrollieren, schon empfiehlt die Regierung ein, höchstens zwei Kinder. Denn Arbeitslosigkeit ist in Vietnam weit verbreitet, verschärft durch drei Millionen demobilisierte Soldaten, Tausende rückgesiedelter Flüchtlinge und heimgeschickter Vertragsarbeiter aus Osteuropa, vor allem der ehemaligen DDR.

Verwaltung

Die Sozialistische Republik Vietnam (SR V) unterteilt sich in 46 Provinzen und drei direkt von der Zentralregierung verwaltete Städte (Hanoi, Hai

Phong, Ho-Chi-Minh-Stadt), die seit der Gebietsreform 1991 größere Eigenverantwortung besitzen.

Die neue Verfassung von 1992 konzentriert den politischen Prozeß auf die Regierung, die stärker von der Kommunistischen Partei (KP) getrennt wird. Der Regierung steht ein Ministerpräsident mit mehreren Stellvertretern vor. Das Parlament, die Nationalversammlung, wird aus den Kandidaten der Partei und der Massenorganisationen vom Volk für fünf Jahre gewählt, wobei zunehmend auch Nicht-Mitglieder der KP Berücksichtigung finden.

Die „führende Rolle" der KP, 1980 in die Verfassung des wiedervereinigten Vietnam verankert, ist aber weiterhin nicht in Frage gestellt. Die Partei hat heute etwa 2 Mio. Mitglieder.

Formelles Staatsoberhaupt ist ein vom Parlament für vier Jahre gewählter Präsident.

Reis ist Hauptnahrungsmittel und Exportgut Nr. 1

Reis

Drei- bis viermal täglich füllen sich die Menschen Südostasiens ihre Eßschale mit Reis. Ihr Hauptnahrungsmittel müssen sie sich im Schweiße ihres Angesichts erarbeiten – mechanische Hilfsmittel sind bis heute kaum im Einsatz. Sie lohnen sich nicht bei den kleinen, aber ertragreichen Naßreisfeldern. Und die auf langen Rispen wachsenden Körner können schlecht von Maschinen geerntet werden.

Da heißt es für den Bauer, Hand anzulegen. Er spannt den Büffel an – häufig noch vor einen Holzpflug – , pflügt und eggt den Boden mehrfach. Dann müssen die Felder genau waagerecht angelegt und mit einem kleinen Damm umgeben werden.

Wenn die jungen Setzlinge nach drei bis vier Wochen herangewachsen sind, werden sie in Bündeln ausgegraben und von den Bauern in die Felder gepflanzt – mit gekrümmten Rücken, die Füße im Wasser, in der sengenden Sonne. Während der junge Reis heranwächst, muß ständig der Wasserstand reguliert werden, oft indem man von Hand Wasser aus Kanälen schöpft. Einst bekämpften Fische oder Enten das Ungeziefer, heute bevorzugt man die chemische Keule.

Vor der Ernte trocknet das Feld aus. Die bündelweise stehenden Halme werden mit der Sichel abgeschnitten, die Körner meist noch auf dem Feld mit einfachsten Maschinen gedroschen. Die Arbeit überläßt man gerne auch vorbeifahrenden Autos: Man legt die Garben einfach auf die Straße.

Zwischen Aussaat und Ernte liegen je nach Sorte und Klimabedingungen drei bis neun Monate, in denen sich die Landbevölkerung beinahe täglich um die Felder kümmern muß.

3. Jh. v. u. Z. Zur Abwehr gegen Angriffe aus China schließen sich verschiedene Fürstentümer im Delta des Roten Flusses zum Reich Au Lac zusammen.

111 v. u. Z. Chinesen erobern das Delta des Roten Flusses und gliedern es als Provinz Giao Chi in ihr Reich ein. Dann kontrollieren und sinisieren sie konsequent.

930 regt sich heftiger Widerstand der Viet gegen die chinesische Herrschaft. General Ngo Quyen erringt 931 und 938 mit Siegen auf dem Bach-Dang-Fluß die Unabhängigkeit. Als er 944 stirbt, brechen Streitigkeiten zwischen Generälen und Fürsten aus. Der Fürst von Hoa Lu ruft sich 968 zum König aus, gründet das Reich Dai Co Viet und verlegt die Hauptstadt nach Hoa Lu; nach seiner Ermordung 979 zerfällt das Reich. Auch die 979 etablierte Le-Dynastie kann den Staatsverband nicht festigen.

1009 gründet Ly Thai To die erste stabile Dynastie und verlegt die Hauptstadt nach Thang Long (Hanoi). Der Staat orientiert sich am Konfuzianismus, das Volk am Buddhismus. Der Ly-Dynastie folgt ab 1225 die Tran-Dynastie.

13.–15. Jh. Die Vietnamesen dehnen ihren Machtbereich auf Kosten der Cham nach Süden aus. 1377 vernichten die Cham die Hauptstadt Thang Long und leiten damit den Sturz der Tran-Dynastie ein. Doch nach dem Tod des Cham-Königs 1390 ist Champa dem Untergang geweiht. 1471 fällt seine letzte Bastion, das Reich zersplittert.

Im vietnamesischen Kernland ergreift nach einer Rebellion und einer kurzen chinesischen Machtübernahme (1407–1427) der Großgrundbesitzer Le Loi die Macht und gründet die Späte Le-Dynastie.

1527 reißt der Provinzgouverneur Mac Dang Dung die Macht an sich, doch seine Dynastie kann sich nur kurz halten: Die einflußreichen Trinh und Nguyen installieren 1533 einen Abkömmling der Le-Sippe als Gegenkönig. 1592 werden die Mac endgültig in das Grenzgebiet zu China vertrieben. Die Le herrschen nur nominell, de facto teilen sich die Trinh und die Nguyen das Land.

15.–17. Jh. Erste Vorstöße von Europäern, die ab dem 16. Jh. Handelsstützpunkte gründen. Die Vietnamesen erobern inzwischen den gesamten Süden, 1694 die Region des heutigen Saigon.

1771–1801 Im Tay-Son-Aufstand werden drei Brüder zu Anführern zahlreicher Unzufriedener, schließlich zu regionalen Herrschern. Sie setzen sich im Gebiet von Qui Nhon fest, führen Feldzüge gegen die Nguyen (Süden) und ab 1786 gegen die Trinh (Norden). Während die Tay Son ihre Macht in Hanoi etablieren, erobert Nguyen Anh aus dem Exil im heutigen Thailand das Land von Süden her zurück.

1802 macht Nguyen Anh nach der Eroberung seine Heimatstadt Phu Xuan (Hue) zur Hauptstadt, ruft sich zum König Gia Long aus und etabliert die Nguyen-Dynastie. Die Macht der Tay Son zerfällt schnell.

1858 erobern spanische und französische Truppen Tourane (Da Nang) und bald den gesamten Süden. Bis 1899 etablieren die Franzosen Kolonien oder Protektorate über Cochinchina (Süden), Annam (Mittelvietnam) und Tongking (Norden). Der vietnamesische Hof in Hue nimmt dies unter wenig Gegenwehr hin.

Ab 1900 bilden sich Widerstandsbewegungen gegen die Franzosen. 1930 wird die Kommunistische Partei Vietnams in Hongkong, 1941 die Liga für die Unabhängigkeit (Viet Minh) gegründet.

1940–1945 Im Zweiten Weltkrieg besetzt Japan das Land, duldet jedoch die französische Verwaltung. Nach der japanischen Kapitulation im August 1945 nutzt der Viet Minh das politische Vakuum und ruft am 2. September die Demokratische Republik Vietnam (DR V) aus.

1946–1954 Frankreich erkennt die DR V an, bombardiert aber gleichzeitig Hai Phong und landet dort Truppen. Die Regierung von Ho Chi Minh verläßt Hanoi. Der Krieg eskaliert und gipfelt in der Entscheidungsschlacht auf der Hochebene von Dien Bien Phu im Mai 1954. Die Franzosen ziehen ab, im Genfer Abkommen wird der 17. Breitengrad als vorläufige Demarkationslinie festgelegt, die schnell tatsächliche Grenze wird. Starke Wanderungsbewegungen von Nord nach Süd und umgekehrt.

Im Süden kommt der Katholik Ngo Dinh Diem mit Unterstützung der USA an die Macht und verweigert die vorgesehenen Wahlen aus Furcht vor einem Sieg der Kommunisten. Diem unterdrückt die Buddhisten und geht militärisch gegen die Klöster vor; Demonstrationen und Selbstverbrennungen von Mönchen. Im November 1963 putscht das Militär mit CIA-Hilfe gegen Diem und ermordet ihn.

1965 Machtübernahme des Generals Nguyen Van Thieu. Die USA verstärken ihre Truppen und bombardieren Ziele im Norden.

1968 In 60 Städten des Südens startet die FNL die *tet*-Offensive, die zwar zurückgeschlagen werden kann, jedoch zur entscheidenden Wende des Krieges werden soll.

1969 Tod *Ho Chi Minhs*. Insgeheim verhandeln die Regierungen der USA und Nordvietnams über ein Ende des Krieges, gleichzeitig weiten die US-Truppen die Bombardements auch auf Laos und Kambodscha aus, weil dort die Nachschubroute, der Ho-Chi-Minh-Pfad, vermutet wird.

1973 Pariser Waffenstillstandsabkommen. Die US-Truppen verlassen das Land. Die FNL „befreit" den gesamten Süden bis zur Eroberung des Präsidentenpalastes in Saigon am 30. April 1975.

1976 Gründung der Sozialistischen Republik Vietnam (SR V) am 2. Juli. Kollektivierung der Landwirtschaft, zahllose Flüchtlinge.

1977–1979 Übergriffe der von China unterstützten Roten Khmer auf vietnamesisches Gebiet, Vietnam erobert im Januar 1979 Phnom Penh, stürzt das Mörderregime von Pol Pot und besetzt das Land.

Die Chinesen schlagen mit einem „Straffeldzug" im Norden Vietnams zurück.

1986 Um die politische Isolation und die wachsenden ökonomischen Probleme zu überwinden, beschließt die Partei ein wirtschaftliches Reformprogramm *(doi moi)* und die langsame Öffnung des Landes. Marktelemente und Privatinvestitionen beleben die Wirtschaft, der Rückzug der Truppen aus Kambodscha (ab 1989) ermöglicht die Normalisierung der Beziehungen zu den Nachbarn.

1995 Im Februar heben die USA das Wirtschaftsembargo auf. Im August folgt die Wiederaufnahme der diplomatischen Beziehungen mit dem ehemaligen Kriegsgegner.

Dien Bien Phu – das Ende einer Epoche

Eigentlich hatten sich die Franzosen ja bereits aus Kolonial-Indochina verabschiedet, die Kommunisten hatten das Vakuum nach dem Zweiten Weltkrieg genutzt, und Frankreich hatte ihre Republik anerkannt. 1946 dann, auch auf Druck der USA, kehrten die Soldaten zurück und bombten die vietnamesische Regierung in den Urwald. Dort wäre sie vielleicht für immer verschollen geblieben, wenn nicht 1949 in China Maos Kommunisten an die Macht gelangt wären und die ideologischen Freunde mit diplomatischer Anerkennung, Waffen und Guerillataktik unterstützt hätten.

Während so die Vietnamesen an Kampfkraft und Raum gewannen, wurde der ferne Kolonialkrieg in Frankreich immer unbeliebter. Man sondierte die Möglichkeiten einer Verhandlungslösung und vereinbarte die Genfer Indochina-Konferenz für das Jahr 1954.

Doch zuvor wollten die Militärs vor Ort ihre Positionen stärken. Französische Fallschirmjäger besetzten die Hochebene von Dien Bien Phu und bauten sie zu einer Festung aus, die uneinnehmbar schien. Doch über Monate schleppten die Partisanen mit Unterstützung der lokalen Bevölkerung schwere Waffen auf Fahrrädern und Büffelkarren durch den Dschungel, besetzten die Hügel rund um die Ebene und schlugen im April 1954 zu. Die Franzosen waren eingeschlossen, auch die Luftversorgung funktionierte bald nicht mehr. Die USA wollten Atombomben einsetzen, scheiterten jedoch am Widerstand der Briten. Unter Verlust zahlloser Menschenleben auf beiden Seiten fiel Dien Bien Phu am 7. Mai 1954, einen Tag vor der Eröffnung der Konferenz.

Auch wenn die vietnamesische Leidensgeschichte damit noch nicht beendet war, für die europäischen Kolonialländer hatte endgültig die Epoche der Entkolonialisierung begonnen.

My Lai – kein Einzelfall

Am 16. März 1968 rückte die Charly Company unter Führung von Leutnant William Calley zu einer alltäglichen *search and destroy*-Aktion gegen das Dorf My Lai vor. Auftrag: das Dorf nach feindlichen Soldaten durchsuchen und alles zerstören, was dem Feind operativ dienen könnte – also Verstecke, Wohnhäuser, Reisspeicher. Offizielles Ergebnis: „128 Gegner im Kampf getötet, 13 Verdächtige festgenommen und drei Waffen erbeutet", Gratulation von Oberbefehlshaber General Westmoreland.

Ein Jahr später berichtete ein entlassener Soldat über die tatsächlichen Ereignisse des Tages, ein Journalist recherchierte und veröffentlichte die Ergebnisse in kleineren Zeitungen, da die großen abwinkten. Ein entlassener Armeefotograf verkaufte Bilder, die Amerika schockierten: hingemetzelte Greise, Frauen und Kinder. Eine Untersuchung begann. Die Öffentlichkeit erfuhr endlich die Wahrheit: Charly Company hatte am 16. März 1968 in 90 Minuten 504 Zivilisten ermordet, auf alles geschossen, was sich bewegte, Alte und Frauen am Dorfteich aufgestellt und mit Maschinengewehren niedergemäht. „I want them dead", hatte Calley befohlen. Und My Lai war kein Einzelfall, *search* und *destroy*-Aktionen waren fast alltäglich, geschahen hundertfach, mit gleicher Brutalität, mit Hunderttausenden unschuldiger Opfer.

Doch die Realität der Armee blieb eine andere. Der Untersuchungsbericht befand Calley des Mordes an 102 „menschlich-orientalischen Wesen" für schuldig, verurteilt wurde er 1970 wegen 22fachen Mordes zu lebenslänglichem Gefängnis – was unter den Veteranen mehr Empörung auslöste als das Massaker. Präsident Nixon mischte sich in die angeblich unabhängige Rechtsprechung ein: Die Armee verkürzte die Strafe auf 20 Jahre, der Heeresminister auf zehn Jahre, nach dreieinhalb Jahren wurde Calley entlassen. Er war von nur fünf angeklagten Soldaten als einziger verurteilt worden; von seinen Vorgesetzten wurde keiner belangt.

Der Krieg bleibt ein amerikanisches Trauma – zu Recht. Denn hier wurde fern der Heimat ein kleines, armes Land „in die Steinzeit zurückgebombt", vorgeblich, um die Welt vor dem Kommunismus zu retten. Tatsächlich war der Krieg wohl eher ein Experimentierstudio für neue Waffensysteme und Gifte, Natur- und Menschenvernichtungsmittel, die aus 10 000 m Höhe eiskalt ausgeklinkt wurden. Sicher haben auch nordvietnamesische Soldaten Grausamkeiten begangen, aber sie verteidigten immerhin ihre Heimat, die in der Geschichte immer wieder von außen bedroht wurde.

Die vielen Massaker, die Flächenbombardements, die Entlaubungsaktionen, die Zerstörung aller ökonomischen Grundlagen – Vietnam wartet bis heute auf Wiedergutmachung. Und das ohne Anzeichen von Rache oder Haß.

Herrscherdynastien

939– 944	Ngo-Dynastie
944– 968	12 Militärfürstentümer
968– 979	Dinh-Dynastie
979–1009	Frühe Le-Dynastie
1009–1224	Ly-Dynastie
1225–1400	Tran-Dynastie
1400–1407	Ho-Dynastie
1407–1413	Späte Tran-Dynastie
1413–1427	Provinz der chinesischen Ming-Dynastie
1427–1788	Späte Le-Dynastie (offiziell, tatsächlich endete die Macht um1527)
1527–1529	Mac-Dynastie, danach Unruhen und ständiger Machtverlust
1533–1788	Restaurierte Le-Dynastie nominell, tatsächlich Aufteilung zwischen den Trinh (Norden) und Nguyen (Süden)
1771–1802	Aufstand und Herrschaft der Tay Son
1802–1945	Nguyen-Dynastie

Literaturtip

Der Spiegel-Reporter Cordt Schnibben reiste nach der Öffnung Vietnams immer wieder durch das Land und schildert die oft widersprüchlichen Eindrücke und seine Hintergrundrecherchen. Sein Buch *Saigon export: Vietnams Comeback; seltsame Berichte aus einem neueröffneten Land* (Hamburg, 1989) ist eine empfehlenswerte Lektüre.

Krieg prägte jahrzehntelang das Leben der Bevölkerung

Ho Chi Minh wird hoch verehrt

Glaubenswelten

Fragt man Vietnamesen nach ihrer Religionszugehörigkeit, können die meisten keine Antwort geben. Vielmehr glauben sie an Götter und gottähnliche Wesen, an Geister und Seelen – je nach Situation und Lebenslage. Bei Krankheit mag man die Hilfe von daoistischen Genien erflehen, beim Hausbau den Erdgott besänftigen, am Geburtstag des Großvaters mit seinem Ahnengeist Kontakt aufnehmen und bei einer Beerdigung einen buddhistischen Mönch zu Hilfe rufen.

Allgegenwärtig sind zahlreiche Naturgötter, die sich vor allem im Boden, in Steinen und Bäumen und in der Luft manifestieren. Wer in ihre Sphäre eindringt, etwa durch den Bau einer Straße, eines Deichs oder auch nur durch die Feldbearbeitung, tut gut daran, sie durch Opfergaben wohlwollend zu stimmen. Häufig werden Sie an Bäumen und Steinen Räucherstäbchen, Papierfahnen, Schalen mit Reis und auch einmal ein gekochtes Huhn finden.

Jedes Dorf hat zudem seinen eigenen Schutzgeist, der vor allem in Nordvietnam im hinteren Teil des Gemeinschaftshauses, des *dinh,* seine Heimstätte findet – sei dieser Geist ein Naturgott oder eine verehrungswürdige Person aus den Mythen oder der Geschichte. Die Dorfgemeinschaft selbst trifft ihre Wahl und kann den Geist, wenn dieser seine Aufgaben nicht erfüllt, verstoßen und einen neuen berufen.

Die Ahnenverehrung spielt in allen ostasiatischen Kulturen eine große Rolle. Man geht davon aus, daß bei der Geburt ein Geist (oder eine Seele) in den Menschen fährt, der ihn beim Tod wieder verläßt. Eine Zeitlang irrt dieser Geist dann noch umher und muß, re-präsentiert durch die Ahnentafel, auf dem Ahnenaltar in jedem Haus einen Ort der Geborgenheit finden. Mindestens über drei Generationen bleiben die Verstorbenen so Teil der Familie, man kommuniziert mit ihnen, stellt ihnen eine Schale Reis hin und versorgt sie mit Papiergeld – Milliardenpäckchen von der „Höllenbank", die verbrannt werden und so zu den Ahnen gelangen – oder anderen Geschenken aus Papier.

Die Zeremonien an wichtigen Feiertagen müssen nach der Tradition von den ältesten Söhnen vorgenommen werden, was die nicht zu unterschätzende Bedeutung männlicher Nachkommen erklärt.

Besonders angesehene Mitglieder der Gemeinschaft verehrt nach dem Tod nicht nur die Familie, sondern das ganze Dorf, eine ganze Region oder das ganze Volk fast wie Götter. Sie fügen sich damit gut ein in das schon fast übervölkerte Pantheon der daoistischen Götterwelt. Einige der vietnamesischen Kandidaten stammen aus den Entstehungsmythen, wie die Urmutter Au Co und die vier verehrten Mütter des Himmels, der Erde, des Wassers und des Waldes, andere sind historische Helden, wie beispielsweise der General Tran Hung Dao, der im 13. Jh. die Mongolen besiegte.

Sie bilden im aus China stammenden Volksdaoismus die unterste Stufe der Götter und haben noch engen Kontakt zu den Menschen. Darüber stehen die Acht Unsterblichen, sieben Männer und eine Frau, die der Legende nach durch gute Taten und Erlösungsvisionen die Unsterblichkeit erlangten und jetzt zwischen der Insel der Seligen und der Erde hin und her pendeln, um den Menschen bei ihrem schweren Los zu helfen. Auf der obersten Stufe sitzen einige bedeutende Götter mit dem Jadekaiser an der Spitze und der Himmelskönigin direkt unter ihm.

Ursprünglich ist der Daoismus eine Philosophie, die ungefähr 500 Jahre vor der Zeitenwende in China entstand und nach dem *dao,* dem Weg des einzelnen in seiner Umgebung, der Natur und der Welt suchte.

Die Lösung wurde darin gefunden, sich nicht in Widerspruch zu seiner Umwelt zu setzen. Die Lehre trägt viele asketische Züge und hat mit der heutigen Götterinflation praktisch nichts zu tun.

Auch der Buddhismus hat sich in Vietnam weit von der ursprünglichen Lehre entfernt. Er gelangte zwischen dem 3. und 7. Jh. ins Land, das auf dem Pilgerweg zwischen Indien und China lag. Ab dem 10. Jh. erkannte der König die Religion an, die in der Ly-Dynastie (1009–1224) großen Einfluß ausübte, aber ab dem 15. Jh. unterdrückt wurde.

Mit der Aufnahme von Heiligen und Legenden wollte sie danach an Popularität gewinnen und Kontakt zum Volksdaoismus aufnehmen. Heute sind

Die überall verehrte Quan Am

Religion und Kultur der Cham

Bevor sie etwa im 1. Jh. indisiert wurden, hingen die Cham Naturgöttern an, denen sie zum Beispiel Büffel opferten und die sie nie ganz aus dem Auge verloren.

Im Zentrum des Kultes ihrer matrilinearen Gesellschaft stand die Urmutter Uroja, dargestellt durch weibliche Brüste, die sich bis heute als dekorative Elemente in Cham-Türmen finden. In hinduistischen Zeiten verschmolz sie mit Parvati, der Gattin Shivas, des Zerstörers und Neuschöpfers unter den drei obersten Göttern, konnte aber auch als Todesgöttin Durga auftreten.

Ab dem 1. Jh. kopierte das Volk das indische Gesellschaftssystem. Der Adel rechnete sich der Kriegerkaste zu, während die Brahmanen Priester, Minister und Beamte waren. Als oberster Gott galt Shiva, der als Figur oder in Gestalt des Lingam (Phallus) im Zentrum des Turmheiligtums verehrt wurde. Auch

Vishnu, dem Bewahrer des Universums, und Brahma, dem Schöpfergott, wurden Tempel errichtet, daneben Ganesh, dem elefantenköpfigen Gott der Weisheit, dem Kriegsgott Skanda u. a.

Zudem wurden die Reittiere der Götter verehrt, Shivas Stier Nandi, Vishnus Vogel Garuda, Brahmas Gans Hamsa sowie die Schlange Naga als Symbol der Fruchtbarkeit.

Die Herrscher verschafften sich die Position des Gottkönigs. Sie sahen sich als Inkarnation eines wichtigen Gottes, dessen Statuen dann oft die Gesichtszüge des Königs trugen. So regierte der König weit über seine Untertanen herausgehoben und unangreifbar. Nach seinem Tod verschmolz sein Selbst, sein absolutes Ich, mit dem Gott, die Statue repräsentierte beide. Der neue König mußte einen neuen Tempel mit einer neuen Götterstatue bauen und so den ewigen Kreislauf aufrechterhalten.

vor allem die Legenden um Quan Am weit verbreitet, die Göttin der Barmherzigkeit nach dem chinesischen Vorbild, die aus dem (männlichen) Bodhisattva Avalokiteshvara hervorging.

In Tempeln findet man meist wie in China den lachenden Buddha in der ersten Halle und ganz oben auf dem Hauptaltar die drei Buddhas der Vergangenheit, Gegenwart und Zukunft in Meditationshaltung. Eine für Vietnam spezifische Darstellung zeigt den Buddha als Kind mit einer zum Himmel weisenden Hand.

Anfang des 16. Jhs. erreichten die ersten europäischen Händler die Küste Vietnams und brachten nur wenig später portugiesische Dominikaner sowie italienische und französische Jesuiten mit. Der Missionar Alexandre de Rhodes übte ab 1626 starken Einfluß aus, indem er einen Katechismus auf Vietnamesisch verfaßte und die lateinische Umschrift der Sprache vorantrieb.

Sein Kollege Pigneau de Béhaine fungierte als politischer Berater der Nguyen-Sippe im Süden, die 1802 die Macht im ganzen Land eroberte. Er nutzte seinen Einfluß geschickt zur manchmal nicht ganz freiwilligen Etablierung des Christentums, das in asiatischen Denkwelten auf wenig fruchtbaren Boden fällt.

Nachdem sich die französische Kolonialmacht 1954 zurückgezogen hatte, kam es zu großen Flüchtlingswellen von Norden nach Süden, da sich die Christen vor der neuen kommunistischen Regierung in Sicherheit bringen wollten.

Unter Präsident Ngo Dinh Diem (Regierungszeit 1954–1963) hielten die Katholiken im Süden fast alle Macht in den Händen; so ist es kein Wunder, daß sie deshalb seit der Wiedervereinigung 1975 kritisch beäugt werden.

Von den vielen Sekten, die sich im Land bildeten und wieder verschwanden, haben sich eigentlich nur die Caodai länger gehalten, die ihren Sitz in Tay Ninh, 100 km nordwestlich von Saigon haben (s. S. 59).

Glossar

A Di Da (Amitabha) Buddha der Vergangenheit.

At Nan (Ananda) Lieblingsschüler Buddhas.

Ca Diep (Kasyapa) Lieblingsschüler Buddhas.

Chua Buddhistischer Tempel; ·flaches Gebäude, das oft als Pagode bezeichnet wird.

Di Lac (Maitreya) Buddha der Zukunft, hier dargestellt als lachender Dickbauchbuddha, der auf einen chinesischen Mönch des 10. Jhs. zurückgeht.

Dinh Gemeinde- oder Versammlungshaus mit einem Tempel für den Schutzgeist.

Hoi Quan Chinesisches Versammlungshaus und auch Tempel der chinesischen Gemeinden.

La Han (Arhat) buddhistische Schüler,

meist 18 an der Zahl, gelegentlich 108 oder 500.

Ngoc Hoang daoistischer Jadekaiser.

Pho Hien (Samantabhadra) Bodhisattva der Meditation.

Quan Am (Avalokiteshvara, chinesisch Guanyin) Bodhisattva des Mitleids, in China und Vietnam weiblich als Göttin der Barmherzigkeit.

Thang Hoang Könige über die zehn Höllen des Volksdaoismus.

Thich Ca (Sakyamuni) historischer Buddha, dargestellt entweder als Kind mit zum Himmel erhobenem Zeigefinger oder in Meditationshaltung.

Thien Hau (kantonesisch Tin Hau) Himmelskönigin, Schutzgöttin der Seeleute und Fischer.

Van Thu (Manjushri) Bodhisattva der Weisheit.

Kultur gestern und heute

Eine daoistische Morgenzeremonie

Herausragende Zeugnisse früher Kulturen sind die Beerdigungsurnen aus Sa Huynh und die Dong-Son-Bronzetrommeln. Die in Mittelvietnam gefundenen dünnwandigen, nur mit einfachen Ritzmustern verzierten Tonurnen von etwa 80 cm Höhe enthielten nicht nur die Gebeine der Verstorbenen, sondern als Grabbeigaben auch Vasen, Kessel, Schmuck, Eisenwerkzeuge und Bronzegefäße. Sie stammen ungefähr aus dem 1. Jh. Etwas älter dürften die meisten Dong-Son-Trommeln sein, deren genaue Herkunft und Verwendung weiterhin umstritten ist. Ähnliche Trommeln fand man in Indonesien, Kambodscha, Malaysia und Südchina. Die Gefäße ohne Bodenplatte sind in Bänderform verziert, am reichhaltigsten auf dem ebenen Deckel. Die meisten haben zwei kleine Henkel. Ob es sich wirklich um Trommeln handelte, ist mehr als ungewiß, manche Forscher glauben eher an Beerdigungsurnen.

Vor allem Frauen besuchen die buddhistischen Andachten

Aus der Periode der chinesischen Besatzung und der frühen Unabhängigkeit sind wenige Kulturzeugnisse erhalten. Die Kunst diente vorwiegend der Religion, was ihr keinerlei Freiheiten ließ. Die Auftraggeber machten genaue Vorgaben entsprechend der traditionellen Ikonographie, die die Künstler, die man vielleicht eher als Kunsthandwerker bezeichnen sollte, möglichst perfekt ausführten. Von der inhaltlichen Ausrichtung folgte die offizielle Kunst dem chinesischen Vorbild, war aber wesentlich einfacher.

Daß kaum mehr Zeugnisse dieser Zeit erhalten sind, liegt einerseits an den verwendeten Materialien, die allesamt schnell vergänglich waren: Holz war noch das beständigste. Andererseits entwickelte sich vor allem vom 10. bis

Ein in Meditation versunkener Caodai-Anhänger

15. Jh. der Buddhismus als Träger der Kunst, der mit der erneuten Kolonisierung durch die chinesische Ming-Dynastie (1407) und die anschließend errichtete Le-Dynastie zerschlagen und durch einen besonders strengen Konfuzianismus ersetzt wurde.

Holzschnitzerei

Im späten 15. Jh. begann die Blütezeit der frühen *dinh*-Bauten, der ganz aus Holz erstellten Gemeinschaftshäuser. Ab dem 17. Jh. wurden Tempel im neuen Stil gebaut, die die in Vietnam besonders ausgeprägte Holzschnitzkunst zur Blüte brachte. Im Land standen Hölzer verschiedenster Härte, Farbe und Maserung zur Verfügung, aus denen dekorative Muster und Reliefszenen aus Mythen und Legenden herausgeschnitten wurden. Säulen, Streben, Türen, Wände, Altäre, große Paneele wurden detailreich und kunstvoll verziert. In den *dinh* hatten es den Schnitzern auch die Dachbalken angetan, in denen sie derbe Szenen und üppige Figuren festhielten. In den Tempeln hingegen stand bald die Kunst des Figurenschnitzens im Vordergrund, die im 18. Jh. besonders vielfältig aufblühte.

Malerei

Nach chinesischem Vorbild gibt es Seiden- und Tuschmalerei sowie Kalligraphie, die jedoch nicht aus dem überwältigenden Schatten des Großreiches im Norden treten konnten. Das chinesische Vorbild aber übertrafen die Holzschnitte. Vor allem Neujahrsbilder werden aus Weichholz herausgearbeitet und als Druckstöcke für handgeschöpftes und koloriertes Papier verwendet – eine Tradition, die bis heute im Dorf Ho, östlich von Hanoi, praktiziert wird.

Lackarbeiten

Schnitzereien und Statuen überzog man oft mit Lack, schuf aber auch spezielle, bis zu zwanzigschichtige Lackmalereien. In einzelne Schichten werden Muster geritzt, die mit andersfarbenem Lack ausgegossen werden. Solche Kunstwerke findet man nur noch selten, meist sind die Muster heute einfach aufgemalt.

Musik und Theater

Musik und Instrumente folgen der chinesischen Tradition. Die Cham brachten die indisch beeinflußte „Südmusik" ein. Die Bergvölker spielten vor allem auf Blas- und Schlaginstrumenten aus Bambus. Heute haben sich die verschiedenen Traditionen vermischt, und es gibt Zithern, Lauten und Geigen mit ganz unterschiedlicher Saitenzahl, dazu Flöten und andere Holzblasinstrumente. Ab dem 11. Jh. gab es Moralspiele mit typisierten Figuren, die auf der Peking-Oper basierten, aber mit der ideologischen Wende im 15. Jh. verboten wurden. Bestehen blieben die höfischen Opern, die ebenfalls auf chinesischen Vorbildern beruhten und genauso stilisiert waren. Ein Sprechtheater existiert erst seit diesem Jahrhundert mit europäischem Einfluß.

Puppentheater

Auf fruchtbaren Boden fiel in Vietnam das Spiel mit Puppen, das aus dem indischen Kulturkreis stammt. Die Wasserpuppen entwickelten sich v. a. im 17. und 18. Jh. und wurden auf dem Höhepunkt des Tempelfestes eingesetzt. Neben moralisierenden Legenden standen auch recht bodenständige Unterhaltungsszenen auf dem Programm. In jüngster Zeit erlebt das Wasserpuppenspiel (s. S. 43) einen neuen Aufschwung.

Literatur

Auch die Literatur stand immer unter chinesischem Einfluß. Wenige buddhistische Mönche und konfuzianische Gelehrte beschäftigten sich damit in der chinesischen Sprache und Schrift. Sie verfaßten historische Aufzeichnungen, Landschaftsbeschreibungen, Abhandlungen über Riten, Nacherzählungen von Legenden und Mythen. Später kam die höfische Poesie hinzu, die der Hochadel als Freizeitbeschäftigung pflegte. Erst im 18. Jh. lösten sich die Versdramen aus ihrem engen Korsett, als der Schriftsteller Nguyen Du (1765 bis 1820) in seinem Versroman *Kim Van Kieu* das tragische Schicksal der schönen Kieu beschrieb, die versuchte, aus der konfuzianischen Gesellschaftspyramide auszubrechen. Vollkommen unabhängig von dieser Literatur wurde die Volksdichtung mündlich überliefert. Im 19. Jh. übte dann auch die Kolonialmacht literarische Einflüsse aus, während nach der kommunistischen Machtübernahme die Kunst im Dienst der Partei zu stehen hatte. Seit 1986 gibt es auch in diesem Bereich eine vorsichtige Liberalisierung.

Farbenfrohes Neujahrsbild

Feste und Veranstaltungen

Die traditionellen Feiertage richten sich nach dem Mondkalender, die Daten schwanken also von Jahr zu Jahr.

Den Jahresreigen läutet das Fest der Feste ein: Das Neujahrs- oder Frühlingsfest heißt ganz einfach *tet* (= Fest) und wird drei Tage lang zwischen Mitte Januar und Mitte Februar gefeiert.

Vorher gilt es, alles Alte zu beenden und das Haus für das Neue vorzubereiten. Also müssen Schulden beglichen werden, unbrauchbare Dinge werden weggeworfen und durch neue ersetzt. Das gesamte Haus wird generalgereinigt und mit Apfelsinenbäumchen, Früchten und Blumen geschmückt. Der Altar des Herdgottes wird gewienert, und mancher schmiert der Figur tatsächlich Honig ums Maul, weil der Gott am letzten Tag des Jahres dem Jadekaiser über die Familie berichtet. Um Mitternacht geht dann die große Knallerei los. Mit langen Ketten von Knallfröschen und einzelnen Raketen treibt man böse Geister aus. Die nächsten Tage verbringen die Familien mit Tempelbesuchen und langen Festessen.

Am 5. Tag des 3. Mondmonats, dem *Totengedenkfest,* besucht man die Gräber der Ahnen, reinigt diese und bringt Opfergaben dar. Im 4. Monat werden am 8. Tag zu *Buddhas Geburtstag* die Tempelfiguren mit geweihtem Wasser übergossen. Am 14. Tag feiern die *Khmer* ihr *Neujahr* in den Tempeln des Mekong-Deltas.

Zur *Mittsommerwende* am 5. Tag des 5. Monats besucht man die Tempel und opfert vor allem den Königen der Hölle. Draußen finden auf Gewässern oder in Badewannen Bootsrennen statt.

Am 15. Tag des 7. Monats gedenkt man wieder der *Ahnen,* während einen Monat später die Kinder mit Laternen das *Mittherbstfest* begehen. Dazu essen sie üppig gefüllte Mondkuchen.

Zudem gibt es überall lokale Tempelfeste, die sich ebenfalls nach dem Mondkalender richten.

Essen und Trinken

Die meisten Vietnamesen beginnen den Tag mit einer Nudelsuppe. Zur Auswahl stehen flache weiße Reisnudeln *(banh)* oder gelbe, festere Weizennudeln *(mi)*, die bereits gekocht in eine große Schale gegeben und mit einigen Gemüseblättern und Kräutern bestreut werden. Obenauf liegt Hühner- oder Rindfleisch, und der kleine Berg wird dann mit heißer, lange gekochter Fleischbrühe begossen. Auch am Morgen würzt man bereits mit Pfeffer und frisch geschnittenen Chilischoten, meist gibt es – Hinterlassenschaft der Franzosen – ein kleines Baguette dazu.

Mittags und abends dominiert dann der Reis. Dazu stellt man eine Mischung aus würzigen und milden, weichen und harten Speisen – Fleisch, Fisch und Gemüse – zusammen. Fast immer gehört eine Suppe dazu, die gegen Ende des Mahls gegessen wird. Essen ist eine Gemeinschaftsaktivität, und je mehr Leute am Tisch sitzen, desto größer ist die Auswahl. Alles kommt

auf Tellern oder in Schüsseln in die Mitte des Tisches, jeder bedient sich nach Geschmack. Gegessen wird mit Stäbchen.

Chinareisenden wird dies alles sehr bekannt vorkommen, doch die Unterschiede werden Ihnen als erstes auf den Tisch gestellt: ein kleiner Teller mit einer Pfeffer-Salz-Mischung, die Fischsauce *nuoc mam* und eine Schüssel mit Salatblättern (ohne Sauce) und Kräuterzweigen wie Zitronengras, Minze und Koriander. Rohe Blätter gibt es in China praktisch nie, in Vietnam werden sie in die Fischsauce getunkt oder mit den folgenden Speisen gegessen. Die kleinen Frühlingsrollen etwa, gefüllt mit Gemüsen, Krabben oder Schweinefleisch, werden in Salatblätter gewickelt und in Sauce getaucht. Als Besucher sollte man allerdings mit Rohkost sehr vorsichtig sein. Die Mischung aus Pfeffer und Salz dient auch dem Nachwürzen. Träufeln Sie etwas Zitronen- oder Limonensaft darauf, rühren Sie mit einem Stäbchen um und tunken Sie nach Bedarf trockene Teile des Essens ein. *Nuoc mam,* wörtlich „Wasser vom gesalzenen Fisch", ist das Nationalgewürz schlechthin. Gesalzener Fisch fermentiert in speziellen Fässern etwa ein Jahr, bis ein hoch konzentrierter Sud entstanden ist, der genauso riecht, wie man sich das vorstellt. Jede Hausfrau und Köchin hat dann ihr eigenes Rezept, wie der Sud mit Essig, Zitronensaft, Knoblauch, Zucker, Chili und Koriander zu einer genießbaren Sauce gestreckt wird.

Als Nachtisch empfiehlt sich Obst. Ananas, Wassermelonen, Bananen, Litschis, Longan, Mangos, Papayas und Pomelos erfrischen. In den Großstädten gibt es gute, gelegentlich sehr süße Kuchen aus Teig oder Klebreis. Klebreiskuchen mit Sojabohnensprossen und Schweinefleisch in Bananenblättern gedünstet sind vor allem beim Tet (s. S. 25) allgegenwärtig. Neujahr ist vielleicht auch ein Grund, eine Ente zuzubereiten, die im Alltag meist zu teuer ist; in den Berggebieten leistet

Kleiner Sprachführer

com	Reis
mi	Nudeln
pho	Reisnudeln, Nudelsuppe
mien	Glasnudeln
heo	Schweinefleisch
bo	Rindfleisch
ga	Hühnerfleisch
vit	Entenfleisch
ca	Fisch
luon	Aal
ech	Frosch
cua	Krabbe
tom	Garnele
rau	Gemüse

man sich dann vielleicht Wildschwein und Reh. Eine traditionelle Winterspezialität in Hanoi ist Hundefleisch, vor allem als Imbiß in Bierkneipen.

Bier oder Mineralwasser, das meist *soda* (Betonung auf der zweiten Silbe) genannt wird, sind bei Reisenden die beliebtesten Getränke. Neben süßer Limonade aus einheimischer Produktion finden Sie die bekannten Soft Drinks mit internationalem Namen. Herrlich erfrischt Kokosnußsaft, der hygienisch in der eigenen „Verpackung" serviert wird. Die Vietnamesen trinken grünen Tee – natürlich ohne Milch, Zucker oder Zitrone. Der einheimische Kaffee tropft vor allem im Norden dickflüssig und schwarz durch ein spezielles Sieb in ein Glas; bei *ca phe sua* befindet sich darin bereits gesüßte Kondensmilch, doch der richtige Aufrüttler ist der schwarze *ca phe den* – perfekt und praktisch serviert in einem kleinen Glas, das in einer mit heißem Wasser gefüllten Eßschale steht. Eiswürfel in Getränken und Speiseeis meiden Sie besser.

Gesund: Frisches Gemüse

Beliebt: Bier vom Faß

Von Tigern, Panthern, Drachen und Elefanten

Vor allem in Nordvietnam treffen sich die Männer abends gerne in einfachen Kneipen oder auf den Bürgersteigen, um sich einige Maß Bier zu gönnen. Das ausgeschenkte Faßbier ist nicht sehr stark, reicht aber, um laute Diskussionen und gelegentlich fliegende Fäuste zu provozieren. Daß sich mit Bier das Image von männlicher Stärke verbindet, ist überall offensichtlich. An jeder Straßenecke prangen die Schilder mit dem Tiger, und die singapurische Brauerei stieß hier so schnell auf eine Goldmine, daß sie ihr vergleichsweise starkes Bier jetzt im Lande herstellen läßt. Ein anderes Joint-venture ist BGI

– die Franzosen setzen auf die Kraft des Panthers.

Dabei hat Vietnam durchaus gute eigene Biere. Die Marke 333, auf Vietnamesisch *ba-ba-ba,* löste das von historischen Erinnerungen belegte Saigon Export ab und bleibt in der Stärke etwas unter ausländisch lizenzierten.

Die lokalen Flaschenbiere schmecken dann doch etwas dünn, da hilft auch beim Saigon Beer der werbende Drache nichts. Der beste Gerstensaft Vietnams ist einem dänisch-vietnamesischen Joint-venture zu verdanken: Sein Markenzeichen ist der Elefant.

Unterkunft

In den letzten Jahren wurden vor allem in den Großstädten Hanoi und Ho-Chi-Minh-Stadt zahlreiche neue Hotels gebaut und alte modernisiert, so daß sich hier die Lage etwas entspannt hat. Bei ständig steigenden Besucherzahlen ist es dennoch manchmal schwierig, ein Zimmer zu finden.

Den besten Standard erreichen die Hotels, die als Joint-ventures mit ausländischen Gesellschaften betrieben werden. Sie bieten das international bekannte Niveau, von Klimaanlage und Minibar bis zu englischsprechendem Personal und 24-Stunden-Service.

Wesentlich preiswerter sind die alten staatlichen Häuser, die noch nicht umgebaut sind. Hier gibt es manchmal riesige, aber nur spärlich eingerichtete Zimmer, und der Service läßt gelegentlich zu wünschen übrig. Manchmal sind die Restaurants in diesen Hotels aber recht gut.

Als neue Erscheinung der Privatwirtschaft tun sich die sogenannten Minihotels hervor, meist Familienbetriebe, zum Beispiel in der Hanoier Altstadt oder in der Gegend um den Ben-Thanh-Markt in Ho-Chi-Minh-Stadt. Hier sind die Zimmer klein, aber sauber, Einrichtung und Service reichen nicht weit, aber die Gastleute sind meist freundlich und hilfsbereit. Die Preise liegen zwischen 20 und 40US $ pro Doppelzimmer.

Abgesehen von Nha Trang, Da Lat, Hue und Da Nang sind die Unterkunftsmöglichkeiten eher knapp. Abseits der Haupttouristenrouten ist der Standard sehr niedrig, Zimmer und Bäder können schmutzig sein, vieles funktioniert nicht, und keiner kümmert sich um Probleme. Da helfen nur Pioniergeist und Geduld.

Reisewege und Verkehrsmittel

Anreise

Noch gibt es aus dem deutschsprachigen Raum keine Nonstop-Flüge nach Vietnam. Lufthansa fliegt zweimal wöchentlich direkt von Frankfurt über Singapur nach Ho-Chi-Minh-Stadt. Bei anderen europäischen Fluggesellschaften muß man auf deren Heimatflughafen und meist einmal in Asien umsteigen.

Günstiger sind da schon die asiatischen Linien, bei denen sich die Drehscheiben Bangkok, Hongkong und Singapur empfehlen, von wo es tägliche Verbindungen nach Hanoi und Saigon gibt.

Reisen im Land

Die Flugverbindungen mit Vietnam Airlines werden mit der zunehmenden Anzahl moderner Maschinen dichter und zuverlässiger. Zwischen Hanoi und Ho-Chi-Minh-Stadt geht fast jede Stunde ein Flieger, Da Nang wird täglich von beiden Städten angeflogen, andere Großstädte mehrfach pro Woche. Ein Flug von Hanoi nach Ho-Chi-Minh-Stadt kostet 150US $.

Täglich bestehen Zugverbindungen zwischen Hanoi und Ho-Chi-Minh-Stadt. Der Wiedervereinigungs-Expreß zuckelt zweimal wöchentlich von Nord nach Süd und umgekehrt. Es empfiehlt sich, per *soft sleeper* der Ersten Klasse zu reisen und rechtzeitig zu buchen. Auch Teilstrecken, zum Beispiel von Hanoi nach Hue oder über den Wolkenpaß sind ganz reizvoll. Von Hanoi nach Saigon kostet die Reise 130US $.

Andere öffentliche Verkehrsmittel sind nicht empfehlenswert, da notorisch überbelastet. Bei individuellen Rundreisen hat sich ein Mietwagen mit Fahrer bewährt (selbst fahren ist Touristen verboten). Der Preis richtet sich nach Fahrzeug und gefahrenen Kilometern, hinzu kommt eine Tagespauschale für Fahrer und, falls vorhanden, Dolmetscher.

Je nach Auto, Mietort und Verhandlungsgeschick zahlen Sie 0,20 bis 0,50 US $ pro Kilometer, für Fahrer oder Dometscher 10 bis 20 US $ pro Tag. In größeren Hotels können Sie mittlerweile auch Minibusse chartern (zu Festpreisen); sie sind etwas billiger als der Zug, in jedem Fall aber bequemer und schneller.

Das Rex-Hotel in Saigon

Ausländer müssen Flüge in US $ bezahlen. Grundsätzlich zahlen sie für Flüge, Züge und einige Busse einen höheren, nämlich den „Ausländerpreis".

In Hanoi und Ho-Chi-Minh-Stadt gibt es mittlerweile eine ganze Menge Taxis mit Taxameter, die an den internationalen Hotels warten oder aus dem fließenden Verkehr herangewunken werden können.

Landestypisch sind *cyclos*, Fahrradrikschas, bei denen der Preis ausgehandelt werden muß. Immer beliebter werden auch Moped-Taxis, die allerdings keine offizielle Lizenz haben, der Preis ist Verhandlungssache.

Handkarren ersetzen häufig Lkws

In größeren Touristenstädten kann man in einigen Hotels Fahrräder mieten.

Ob die Reiseroute von Nord nach Süd oder umgekehrt verlaufen sollte, wird weitgehend von praktischen Gesichtspunkten abhängen, zum Beispiel vom Wetter. Die Organisation einer individuell im Land arrangierten Reise dürfte im Süden einfacher zu bewerkstelligen sein als im Norden. Die kulturelle Entwicklung hingegen läßt sich von Norden nach Süden besser nachvollziehen.

Die langsamen Züge lassen die Zeit vergessen

Hanoi

Die Last des Nordens

Die vietnamesische Hauptstadt vermittelt eine melancholische Schwere, die nicht allein aus der strengen sozialistischen Bürokratie resultiert, sondern gleichzeitig den Zug des Kolonialismus des 19. Jhs. trägt. Hier blieben – geradezu einzigartig in Asien – nicht nur die baumbestandenen Boulevards mit ihren Villen erhalten, sondern auch die faszinierende Altstadt der Handwerker. Bedeutende Tempel sind in Tagesausflügen erreichbar und ergänzen das Bild um die neuere Geschichte, auf deren Spuren Sie im Regierungsviertel wandeln können. Als Stützpunkt im Norden empfiehlt es sich, eine knappe Woche für Hanoi und Umgebung einzuplanen.

Geschichte

Daß eine Stadt bald ihre Tausend-Jahr-Feier ausrichten kann, kommt in Asien nicht so häufig vor, doch für Hanoi ist das Gründungsjahr 1010 belegt. Damals ließ sich Ly Thai To, einer der beliebtesten Herrscher und Begründer der Ly-Dynastie, am rechten Ufer des Roten Flusses nieder, als er dort einen goldenen Drachen aufsteigen sah, nach dem er seine Hauptstadt „Thang Long" benannte. Die Vietnamesen hatten zwar die chinesische Herrschaft abgeschüttelt, hielten aber das philosophische und gesellschaftspolitische Ordnungssystem Chinas weiter für angemessen: den Konfuzianismus. Sie bauten 1070 eine Beamtenakademie mit Konfuziustempel.

Nachdem die Dynastien Ly und Tran sich überlebt hatten, brachen unruhige Zeiten an, erkennbar an Namenswechseln. Die Ho-Könige hatten zwei Residenzen, so daß aus Thang Long die „Östliche Hauptstadt", Dong Do, wurde. Die Le-Könige nannten sie Dong Kinh, woraus die Franzosen die Bezeichnung Tongking für Nordvietnam ableiteten. Viele Machthaber ändern aber nicht nur die Namen von Städten, sondern machen sie erst einmal dem Erdboden gleich, um auf den Ruinen ihr eigenes Reich zu schaffen. Hanoi ereilte dieses Schicksal 1820 und 1848, als die Nguyen-Dynastie die Konkurrenz zu ihrer Hauptstadt Hue beseitigte und den Namen auf die geographische Bezeichnung *ha* für Fluß und *noi* für innen, also etwa „in der Flußbiegung" herabsetzte. Auch die Franzosen zerstörten 1882 große Teile der Stadt, schütteten den Hoan-Kiem-See zur Hälfte zu und legten die breiten Alleen südlich und östlich des Sees mit Oper, Kirchen, Residenzen und Villen an, die neben der zu dieser Zeit ebenfalls stark umgebauten Altstadt das Zentrum Hanois bis heute beherrschen.

Für die Kommunisten blieb Hanoi die Hauptstadt, in der sie zuerst 1945, endgültig dann 1954 die Macht übernahmen. Sie setzten nur mit wenigen Neubauten Akzente, läuteten aber mit der Umwidmung vieler Gebäude auch deren Verfall ein, der heute teilweise wieder gebremst wird. Eine der zahllosen Verwaltungsreformen gliederte Hanoi weite ländliche Bezirke an und stellte die Hauptstadt unter die direkte Verwaltung der Zentralregierung. Von den rund 3,5 Mio. Bewohnern lebt etwa eine Million im eigentlichen Stadtbereich.

Weg 1

Am ** Hoan-Kiem-See

Einen Rundgang durch das französisch geprägte Hanoi beginnen Sie am besten dort, wo die ehemaligen Kolonialherren das kulturelle Sahnehäubchen auf ihre sonst wenig kulturfördernden Aktivitäten setzten, im ehemaligen Gebäude der École Française de l'Extrême

Orient, in dem, vielleicht als kleiner Vergeltungsakt, das heutige **Historische Museum** ❶ die Geschichte als quasi zwangsläufige Entwicklung von der Steinzeit bis zur Vertreibung der Franzosen darstellt. Zwischen den vielen Nachbildungen und Zeichnungen finden sich aber auch einige bedeutsame Exponate, etwa Trommeln aus der bronzezeitlichen Dong-Son-Kultur, so daß es sich durchaus lohnt, das 1930 in einer Mischung aus europäischer Solidität und orientalischem Dekor erbaute Haus nicht nur von außen zu betrachten. (◷ Di–So 8.30 bis 11.45 und 13–15.45 Uhr.) Schräg gegenüber wird in ähnlicher Weise im alten französischen Zollhaus, jetzt **Revolutionsmuseum** ❷, der Befreiungskampf dargestellt (◷ Di, Fr, Sa 8–12, Mi, Do, So 8–16 Uhr). Einige Schritte entfernt liegt am Ende des einstigen Flanierboulevards Rue Paul Bert die **Oper,** 1901 als verkleinerte Kopie der Pariser Oper erbaut.

Erinnert an alte Zeiten: die Oper aus dem Jahre 1901

Beliebtes Malermotiv: der Den Ngoc Son im Hoan-Kiem-See

Die Pho Trang Tien hat zwar einiges von ihrer baulichen Geschlossenheit verloren, ist aber immer noch gesäumt von Läden und Cafés. An der Kreuzung am Südostende des Hoan-Kiem-Sees stehen sich das mächtig-koloniale *Postamt* und das verstaubt-realsozialistische *Kaufhaus Nr. 1* gegenüber.

Dort werden Sie sicher häufig genug vorbeikommen, so daß Sie jetzt erst einmal in die Pho Ngo Quyen einbiegen sollten, in der bald die ansehnliche Fassade des **Hotel Métropole** ❸ hinter den Bäumen auftaucht. Das 1910 geöffnete Luxushotel wurde Anfang der 90er Jahre vollständig restauriert und bietet vorwiegend Geschäftsleuten teure Zimmer an. Zumindest aber eine Erfrischung sollten Sie sich gönnen.

Café in der Altstadt

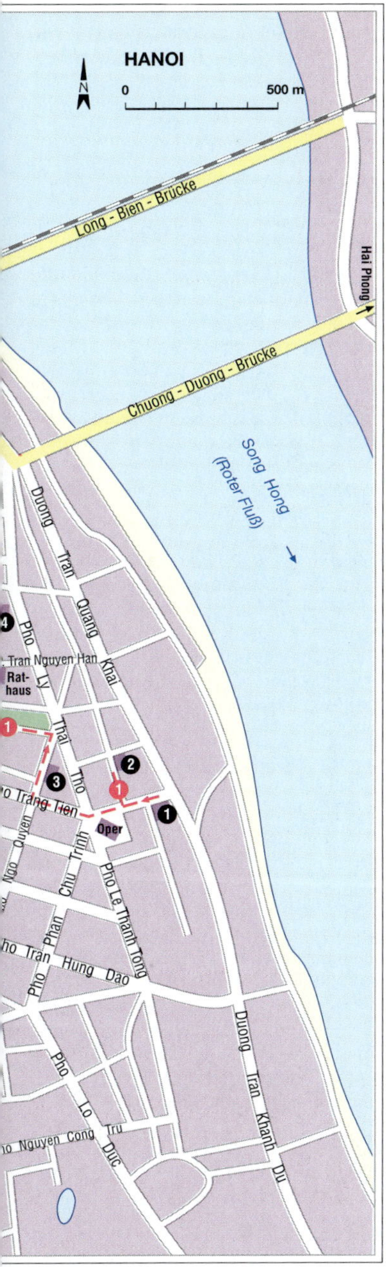

HANOI

N
0   500 m

Long - Bien - Brücke

Chuong - Duong - Brücke

Hai Phong

Song Hong
(Roter Fluß)

Duong Tran Quang Khai

Pho Ly Thai

Tran Nguyen Han

Rat-
haus

Tran Tien

Oper

Ngo Quyen

Pho Le Thanh Tong

Pho Tran Hung Dao

Duong Tran Khanh Du

Nguyen Cong Tru

*Der Pavillon wurde zu Ehren
der Schildkröte errichtet*

Weg 1
❶ Historisches Museum
❷ Revolutionsmuseum
❸ Hotel Métropole
❹ Wasserpuppentheater

Weg 2
❺ Stadttor
❻ Markthalle
❼ Chua Ba Da

Weg 3
❽ Literaturtempel
❾ Museum der Schönen
   Künste
❿ Flaggenturm
⓫ Armeemuseum
⓬ Mausoleum Ho Chi
   Minhs
⓭ Präsidentenpalast
⓮ Wohnhaus Ho Chi
   Minhs
⓯ Einsäulenpagode
⓰ Ho-Chi-Minh-Museum
⓱ Den Quan Thanh
⓲ Chua Tran Quoc

Schräg gegenüber liegt ein weiterer Markstein französischer Kolonialherrschaft, die Residenz des Gouverneurs von Tongking, heute ein Gästehaus der Regierung.

Weil der Rote Fluß früher durch ein anderes Bett strömte, finden sich im Stadtgebiet von Hanoi zahlreiche Seen, aber an keinem hängt das Herz der Vietnamesen so wie am **Ho Hoan Kiem**. Eine Legende erklärt den Namen des „Sees des zurückgegebenen Schwerts": Anfang des 15. Jhs. kämpfte der Großgrundbesitzer Le Loi gegen die Chinesen, die wieder ins Land eingedrungen waren, konnte sie aber nicht zurückdrängen. Da tauchte aus dem See eine goldene Schildkröte auf und reichte ihm ein Schwert, das ihn unbesiegbar machte. Bei seiner Siegesparade erschien jedoch die Schildkröte erneut und forderte das Schwert zurück. Bevor Le Loi, der spätere König Le Thai To, sich entscheiden konnte, schwebte das Schwert aus der Scheide und verschwand mit der Schildkröte im See. Le Loi ernannte das Tier zum Schutzgeist des Sees, und im 19. Jh. wurde ihm zu Ehren ein Pavillon auf einer kleinen Insel im See errichtet, der bis heute Wahrzeichen Hanois ist.

Das Vertrackte an dieser schönen Geschichte ist, daß 1968 tatsächlich eine 2,10 m lange und 250 kg schwere Schildkröte im See gefunden wurde, die etwa 400 Jahre alt sein soll. Sie ruht heute, präpariert, in einem Glaskasten im Den Ngoc Son (siehe unten) auf der größeren Insel.

Auf dem Weg dorthin kommen Sie am modernen *Rathaus* vorbei und sehen an der Uferstraße das **Wasserpuppentheater ❹**, in dem täglich um 20 Uhr die sehenswerten Vorstellungen beginnen.

Vom Ufer führt neben dem pinselförmigen Turm für die Literaten eine rote Holzbrücke auf die künstliche Insel mit dem **Den Ngoc Son**. Im Tempel aus dem 18. Jh. wird des Mongolenbezwingers Tran Hung Dao (im dritten Raum) ge-

dacht, während im zweiten Raum Van Xuong, Beschützer der Literaten, und La To, Schutzgott der Mediziner, verehrt werden. Auch die anderen Holzfiguren der Gebetsstätte sind phantasievoll geschnitzt.

Weg 2

Spaziergang durch die **Altstadt

Nördlich des Sees erstreckt sich das alte Viertel der Handwerker zwischen dem Flußdeich und der Zitadelle der Soldaten. Auch in Vietnam waren die Handwerker in Zünften organisiert, die jede Betätigung von Nichtmitgliedern unterbanden. Außerhalb der Städte hatten sich oft ganze Dörfer auf ein bestimmtes Handwerk spezialisiert, etwa die Herstellung von Möbeln oder handgemalten Neujahrsbildern. Entsprechend war auch die Handwerkerstadt in quadratische Viertel unterteilt, die sich mit Mauern und Wällen voneinander abschlossen und wie ein Dorf einen eigenen Tempel und ein Versammlungshaus besaßen. Im 19. Jh. waren zu viele Menschen zugezogen, so daß die Trennmauern abgerissen wurden.

Geblieben sind die Straßennamen, die auf die Spezialisierung der Bewohner hinweisen. Sie beginnen alle mit *hang* für „Ware", und so können Sie von der Pho Hang Non, der Hutgasse, in die Pho Hang Thiec, die Zinngasse, oder in die Pho Hang Dieu, die Pfeiffengasse, abbiegen. Dort liegt dann ein Laden neben dem nächsten. Heute zeigt die Altstadt leider kein geschlossenes Bild mehr. Viele Läden verkaufen textilen Ramsch oder moderne Produkte. Zunehmend werden auch in harmonische ein- bis zweistöckige Häuserzeilen wesentlich höhere Betonklötze gerammt. Angesichts der hygienischen Bedingungen in den Altbauten ist eine Sanierung zwar verständlich, doch hätte man auch etwas schonender mit diesem Juwel Hanois umgehen können.

Stundenlang können Sie durch die zahllosen Gassen bummeln und sich vom Alltags- und Arbeitsleben, von dem immer noch viel auf der Straße stattfindet, einfangen lassen. Falls Sie weniger Zeit haben, folgen Sie zunächst der breiten *Hang Dao,* der einstigen Seidengasse, mit ihren Textil- und Schuhläden, und biegen Sie dann in die *Hang Buom,* die Segeltuchgasse, ein. Über die *Pho Dao Duy Tu* gelangen Sie zu einem **Stadttor ❺** aus dem 16. Jh., eines von ursprünglich 16 in der Außenmauer. Die *Hang Chieu,* die Mattengasse, führt zurück auf die Hauptstraße, die dann *Dong Xuan* heißt und Namensgeber für die **Markthalle ❻** war, die die Franzosen 1889 aus hygienischen Gründen verordneten. Heute schmückt nur noch ein Teil der alten Fassade den neuen Betonklotz, der im Herbst 1994 ausbrannte und jetzt neu erbaut werden soll. Lassen Sie sich noch etwas Zeit, um auf dem Weg zurück zum See einige der lebhaften Gassen zu entdecken.

In dieser Straße findet man alles für den Hausaltar

Am Westufer des Sees stoßen Sie auf ein Café, das gern von jungen Leuten frequentiert wird. Auf der anderen Straßenseite haben ausländische Firmen gediegene Villen renoviert und betreiben nun, wie etwa die ANZ Bank, hinter holzgetäfelten Wänden und Buntglasfenstern ihre Geschäfte.

Von der Uferstraße *Pho Le Thai To* biegen Sie dann im spitzen Winkel in die *Pho Hang Trong* ein und nach einigen Metern links in die *Pho Nha Tho,* wo direkt auf der linken Seite beim Haus Nr. 3 ein Gang zum ✶**Chua Ba Da ❼** führt. Der Name stammt von einer steinernen Frauenfigur, die nach Berichten im 11. Jh. beim Bau von König Le Thai Tos Zidatelle gefunden wurde und hier einen würdigen Standort erhielt. Die Statue ist nicht erhalten, und nur die Grabstupas im ersten Hof sollen noch aus der Gründungszeit stammen. Dennoch ist der Tempel sehr interessant, nicht nur weil hier häufig Totenfeiern abgehalten werden, sondern auch, weil der enge und niedrige Innenraum mit mehreren Altären eine besonders würdevolle Atmosphäre ausstrahlt.

Den Besuch des Wasserpuppentheaters sollte man nicht versäumen

Das ehemalige Stadttor

Am Ende der Straße stand einst die größte Pagode Hanois, die die Franzosen zerstörten, um an dieser Stelle eine katholische **Kathedrale** zu bauen, die 1886 dem hl. Joseph geweiht wurde. Der Baustil orientiert sich an gotischen Vorbildern aus Nordfrankreich. Früher war das mächtige Gotteshaus bunt bemalt, doch heute erscheint der graue Klotz wie eine Gewaltdemonstration vergangener Zeiten.

Weg 3

Vom ** Literaturtempel durch das Regierungsviertel zum Westsee

Der ** **Literaturtempel** *(Van Mieu)* ❽. Der vietnamesische Adel schwankte immer zwischen Kooperation mit den chinesischen Besatzern und eigener Machtausübung. So verwundert es nicht, daß er den Konfuzianismus als Ideologie der gesellschaftlichen Hierarchie und zur Ausbildung staatstreuer Beamter übernahm, als die chinesischen Verwalter im 11. Jh. vertrieben waren. 1070 ließ König Ly Thanh Tong in der neuen Hauptstadt eine Schule für die Prinzen mit einer Konfuzius-Kultstätte bauen, die in späteren Jahren um mehrere Höfe erweitert wurde.

Aus der Bezeichnung „Nationalakademie" könnte man schließen, es habe sich um eine Art Universität gehandelt, tatsächlich wurden aber nur die Klassiker auswendig gelernt, die streng formalisierten Künste geübt und bis 1913 Beamtenprüfungen abgenommen.

In seiner heutigen Form folgt die Anlage bis in Details chinesischen Vorbildern. Aus Respekt vor Konfuzius mußte jeder, der das südliche Tor passierte, vom Pferd oder aus der Sänfte steigen, woran zwei kleine Stelen an der Straße erinnerten. Ein dreiflügliges Eingangstor gibt den Weg frei in den ersten Prüfungshof; den mittleren Gang durfte einst nur der König beschreiten. Das dritte Tor auf der zentralen Achse ist heute ein Wahrzeichen Hanois: dem *Khue Van Cac Mon* wurde 1802 ein

hölzerner Pavillon aufgesetzt, in dem sich Literaten ihre Werke vorlasen. und disputierten. Sehr prägnant sind die runden Fenster, dekoriert von Leisten, die wie Sonnenstrahlen in alle Richtungen streben. Von dort konnten die Dichter auf den quadratischen, „Quelle des himmlischen Lichts" genannten Teich im nächsten Hof blicken und auf die großen Steinstelen, die auf individuell gestalteten Schildkröten, Symbolen des langen Lebens, ruhen. Einige gingen verloren, doch 82 Stelen mit 1306 eingemeißelten Namen von erfolgreichen Prüflingen sind erhalten.

Durch ein weiteres Tor betritt man den Tempelbereich. Am Kopfende des Innenhofs liegen hintereinander eine Zeremonialhalle und der eigentliche Konfuziustempel. Die Dekorationen der Säulenhalle zeigen Drachen und Phönixe als Symbole des Universums sowie Scheiben mit dem *yin-yang*-Zeichen oder dreigeteilt für Himmel, Mensch und Erde. Den Altar in der Mitte mit der Ahnentafel des Konfuzius bewachen zwei große Bronzekraniche, während eine Bronzeglocke aus dem Jahr 1768 und ein Klangstein mit einer Inschrift über die Zeremonien bereits den Weg zum hinteren Gebäude weisen. Dort sitzt – meist in geheimnisvoller Dunkelheit – Konfuzius, umgeben von seinen wichtigsten Schülern. Der letzte Hof ist noch nicht restauriert.

Jenseits der Pho Nguyen Thai Hoc gibt es im **Museum der Schönen Künste** ❾ traditionelle, aber auch moderne Kunst zu bestaunen. Einige der Exponate sind Kopien, so etwa die berühmte tausendarmige Quan Am aus dem Chua But Thap (s. S. 46) in Gips nachgebildet, doch es gibt auch originale Tempelfiguren und Steinmetzarbeiten aus dem 17. und 18. Jh. zu sehen, dazu Kunsthandwerk der Bergvölker, Wasserpuppen sowie Gemälde und Skulpturen aus den verschiedenen Phasen des 20. Jhs. (🕐 Di–So 8–12 und 13–16 Uhr.)

Nur ein paar Straßen weiter grünt ein kleiner Park, in dem an der Duong Dien Bien Phu ein Platz ausgespart wurde, auf dem den Genossen **Lenin** der Mantel der Geschichte noch heftig umweht. Der Revolutionär blickt entschlossen über die Straße auf die Zitadelle, das von einer hohen Mauer umschlossene Militärareal, aus dem der 60 m hohe Wach- und **Flaggenturm** ❿ ragt. König Gia Long ließ ihn Anfang des 19. Jhs. erbauen, als Kopie des Turms in Hue. Er ist das einzige Relikt aus dieser Zeit in dem Gelände, das bis heute vom Militär genutzt wird.

Der Öffentlichkeit zugänglich ist das **Armeemuseum** ⓫, in dessen Hof vietnamesische Kanonen und anderes Kriegsgerät neben den Überresten einer abgeschossenen amerikanischen B 52 stehen. Die Räume zeigen Kleinwaffen, Uniformen und Gerät sowie strategische Zeichnungen aus den zahlreichen Kriegen. Vom Museumsgelände aus kann man auch die untere Plattform des Flaggenturms erklimmen.

Die Statue des Konfuzius im Literaturtempel

Das Viertel zwischen Zitadelle und Ba-Dinh-Platz ist vielleicht die geschlossenste Einheit französischer Kolonialvillen auf der Welt. Alte Bäume in Gärten und entlang der Straßen spenden Schatten, und zwischen ihnen ragen die zwei- oder dreistöckigen Ziegelbauten auf. Aber auch riesige Antennen recken sich in den Himmel und weisen schon auf die Tätigkeit der Bewohner hin, die sich auf den metallenen Türschildern bestätigt: Die **Botschaften** der sozialistischen Bruderländer erhielten nach dem Abzug der Franzosen hier ihre Quartiere in bester Lage. Doch können sich manche heute nicht einmal einen Gärtner leisten.

Idyllisch liegt das schlichte Wohnhaus Ho Chi Minhs

Der schattige Spazierweg führt direkt zum **Ba-Dinh-Platz,** dem großen Aufmarschort, an dem rechts das Außenministerium und dahinter das neue Parlamentsgebäude liegen.

Ihm gegenüber fühlt man sich wieder an Lenin erinnert, geriet das **Mausoleum Ho Chi Minhs** ⓬ doch zur vergrößerten Kopie der Ausstellungsstätte auf dem Roten Platz in Moskau. Mau-

Die Einsäulenpagode

soleum, Präsidentenpalast und Wohn-haus Ho Chi Minhs in der Nähe können nur mit offizieller Begleitung besucht werden (🕐 alle Di, Mi, Do, Sa 8–11, So 7.30–11.30 Uhr). Das Empfangsgebäude für Besucher befindet sich an der Süd-westecke des Platzes. Dort müssen Sie Taschen und Kameras abgeben und er-halten einen Zettel mit den Verhaltens-vorschriften. Ärmellose T-Shirts oder Shorts sind nicht erlaubt, und Sie dür-fen im Mausoleum keinesfalls stehen-bleiben. Wo heute das Marmormauso-leum steht, verkündete Ho Chi Minh am 2. September 1945* die Unabhän-gigkeit des Landes. So ruht der sehr ge-achtete Revolutionär zwar an histori-schem Ort, einbalsamiert in einem Glassarg, doch hatte er in seinem Te-stament bestimmt, daß seine Asche über dem Land verstreut werden sollte. Er wollte damit genau den Personen-kult verhindern, den die Partei als Legi-timationsversuch für sich dann betrieb.

Den heutigen **Präsidentenpalast** ⓭ dachten sich zwei deutsche Architekten aus. Als er 1906 fertiggestellt war, dienten seine 60 prunkvollen Räume 23 französischen Generalgouverneuren bis 1954 als Dienstsitz, nur kurz unter-brochen vom japanischen Oberkom-mando im Jahr 1945. Doch Ho Chi Minh wollte in diesem Fürstenpalast nicht leben, so daß er bis heute nur für offizielle Empfänge genutzt wird. Der genügsame Onkel Ho wandelte lieber zwischen den Bäumen des kleinen Bo-tanischen Gartens hinter dem Palast und ließ sich aus Holz ein kleines, be-scheidenes **Wohnhaus** ⓮ an einen künstlichen See bauen.

Keine 200 m entfernt liegt der Tempel, der für die Vietnamesen vielleicht am meisten identitätsstiftend ist. Im Jahr 1049 ließ König Ly Thai Tong einen kleinen Holztempel von nur 3 m Sei-tenlänge erbauen, der auf einem ein-zelnen Baumstamm aus einem künstli-chen See ragte und deshalb **Einsäu-lenpagode** ⓯ oder Einstammpagode genannt wird. Die Legende erzählt, daß dem kinderlosen König eines Nachts

die Göttin der Barmherzigkeit erschien und ein Kind entgegenhielt. Der König interpretierte dies als Zeichen, ein be-stimmtes Bauernmädchen zur Konku-bine zu nehmen, die ihm kurz darauf auch einen Thronerben gebar. Aus Dankbarkeit baute er Quan Am die Pa-gode, die in den vergangenen Jahrhun-derten mehrfach zerstört und wieder-aufgebaut wurde. 1955 ersetzte man den Holzstamm leider durch eine Be-tonsäule.

Eine der neuesten Errungenschaften der Hauptstadt ist das benachbarte * **Ho-Chi-Minh-Museum** ⓰. Es wurde 1990 zum 100. Geburtstag Hos eröff-net. Und die verantwortlichen Kultur-funktionäre haben es tatsächlich ge-

Ho Chi Minh

Am 19. Mai 1890 wurde in einem klei-nen Dorf bei Vinh, in einer der ärmsten Regionen Vietnams, der Knabe Nguyen Sinh Cung geboren, der aber noch viele Namen annehmen sollte, bis selbst Studenten in Berlin in ihm ihren Befrei-er sahen und seinen Revolutionsnamen Ho Chi Minh („Ho mit klarem Willen") auf Demonstrationen riefen. Mit 15 be-suchte der Sohn eines konfuzianisch gebildeten unteren Beamten ein fran-zösisches Gymnasium in Hue und machte sich danach als Matrose auf die Reise nach Europa und Amerika.

In Frankreich schloß er sich der noch jungen kommunistischen Bewegung an, 1923 fuhr er erstmals nach Mos-kau, wo er Funktionär der Kommunisti-schen Internationale wurde und ne-benbei studierte.

Im Auftrag der Komintern besuchte er China und Thailand und half bei der Gründung der KP Vietnams 1930 in Hongkong. Ein Jahr später wurde er dort verhaftet, konnte jedoch 1933 nach Moskau fliehen. Ende der 30er Jahre wurde es unruhig in Ostasien, und Ho organisierte mit seinen Genos-

wagt, vom sonst üblichen belehrenden Museumskonzept abzuweichen und Künstlern den Auftrag zu erteilen, die Lebensstationen des Präsidenten vor dem Hintergrund der Weltgeschichte zu präsentieren. (⏱ tgl. außer Mo und Fr 8–11 und 13.30–16 Uhr.)

Von hier führt der Weg zurück um den Ba-Dinh-Platz und auf der Duong Hung Vuong zum **Westsee** *(Ho Tay)*, ursprünglich ein Seitenarm des Roten Flusses, der bei einer Fläche von 530 ha nur gut einen Meter tief ist. Schon vor Jahrhunderten baute der Adel prachtvolle Villen an seine Ufer, heute folgen ihm Parteikader und Neureiche. Im Jahr 1620 wurde durch einen Damm der „See der Weißen Seide" abgeteilt.

Gegen seinen Willen wurde Ho Chi Minh ein bombastisches Mausoleum gebaut

sen den Widerstand gegen die Kolonialherren im Grenzgebiet zwischen China und Vietnam. 1941, nach 30 Jahren, kehrte er in seine Heimat zurück, um die Liga für die Unabhängigkeit Vietnams (Viet Minh) zu gründen. 1942 verhaftete die nationalchinesische Guomindang den Revolutionär, der in den zwei Jahren im Gefängnis sein berühmtes Tagebuch schrieb.

In der Augustrevolution von 1945 stieg er zum führenden Kopf der Kommunisten auf, proklamierte am 2. September die Demokratische Republik Vietnam und wurde Präsident und Ministerpräsident. Als die Regierung wegen der Rückkehr der Franzosen in den Dschungel fliehen mußte, wurde er auch noch Parteivorsitzender.

Nach dem Sieg in Dien Bien Phu etablierten sich die Kommunisten endgültig in Hanoi, während das Regime im Süden die auf der Genfer Indochina-Konferenz beschlossenen Wahlen aus Angst vor einem Sieg des populären Ho Chi Minh verhinderte. Mit der Kollektivierung überspannte die Partei jedoch den Bogen: Ho erhielt bis 1960 auch

noch das Amt des Parteigeneralsekretärs und milderte die Planwirtschaft ab.

1960 wurde die Nationale Front zur Befreiung Südvietnams (FNL) gegründet, während die USA zunehmend das Diem-Regime im Süden unterstützten. Die kriegerische Eskalation begann. Bevor 1973 ein Waffenstillstandsabkommen geschlossen war und das Land 1975 vereinigt wurde, war der Mann, der die Geschichte Vietnams im 20. Jh. wie kein anderer bestimmte, bereits tot. Ho Chi Minh starb am 2. September 1969.

Trotz seiner langen Tätigkeit für die Komintern war Ho nie ein marxistischer Theoretiker. Er lobte die Freiheitsideale der Französischen Revolution und der amerikanischen Unabhängigkeitserklärung, reiste lieber durchs Land, um den Bauern zu sprechen und hielt auf den Parteitagen die kürzesten Reden. Der bescheidene Staatsmann mit schütterem weißen Haar und Bart ist deshalb bis heute im ganzen Land hoch angesehen und politisch weitgehend unangefochten.

Der Name rührt daher, daß ungehorsame Konkubinen hierhin verbannt wurden und zur Strafe weiße Seide weben mußten.

An der Südostecke des Sees entstand mit der Gründung der Hauptstadt im Jahr 1010 der Schutzgeisttempel zur Bewachung des Nordtores, der * **Den Quan Thanh** ⑰, dessen baumbestandenen Hof eine hohe Mauer vom Straßenlärm abschirmt. Die Haupthalle beherrscht eine 4 m hohe Bronzestatue des Geistes Tran Vu, der über den Schwarzen Himmel regiert. Nach der Legende besiegte er ein neunschwänziges Fuchsmonster, den schlimmsten Dämon chinesischer Erzählungen. Tran Vu steht für das *yin* und damit für Dunkelheit und Tod, aber auch für den Norden, weshalb er sich gut als Wächter des Nordtores, das nicht erhalten ist, eignete.

Am Ufer des Ho Tay haben einige *Restaurantschiffe* festgemacht. Dahinter liegt beschaulich auf einer Halbinsel der **Chua Tran Quoc** ⑱ aus dem 15. Jh.

Praktische Hinweise

Vorwahl 01/4

❶ Es gibt kein offizielles Büro, beste Quellen sind Hotels, Reisebüros und einige Cafés in der Altstadt, die aber alle auch Touren verkaufen möchten. Manches erweist sich als Gerücht, nur Fragen an mehreren Stellen hilft.

Reisebüros:
Vietnamtourism, 54 Nguyen Du, ☎ 257080, 🖷 257583.
Saigontourist, 55 b Phan Chu Trinh, ☎ 250923, 🖷 251174.
Hanoi Tourist, 1 Ba Trieu, ☎ 254209, 🖷 256418.
Cafés als Infobörse:
Darling Café,
4 Hang Quat, ☎ 243024.
Green Bamboo, 42 Nha Chung, ☎ 268752.
✈ Der internationale Flughafen liegt knapp 40 km nördlich der Stadt.

Taxipreise müssen hart verhandelt werden und sollten nicht über 20 US $ liegen. Am günstigsten sind die Minibusse von Vietnam Airlines zwischen Terminal und Stadtbüro am Hoan-Kiem-See. Abfahrt vom Flughafen, wenn sie voll besetzt sind, vom Stadtbüro ab 5 Uhr halbstündlich oder stündlich, Tickets (4 US $) dort am Tag vorher kaufen.
Vietnam Airlines, 1 Quang Trung, ☎ 250888, 253842.
🚉 Bahnhof an der Duong Le Duan.

🏨 **Métropole,** 15 Pho Ngo Quyen, ☎ 266919, 🖷 266920. Vollständig renoviertes Kolonialhotel aus dem Jahr 1910, jetzt wieder das beste Haus am Platze. ⑤⟩⟩
Saigon, 80 Pho Ly Thuong Kiet, ☎ 268499, 🖷 266631. Neues Hotel mit Standardeinrichtung in der Nähe des Bahnhofs. ⑤⟩⟩
Hoa Binh, 27 Pho Ly Thuong Kiet, ☎ 253315, 🖷 269818. Älteres, aber renoviertes staatliches Hotel. ⑤⟩
Phu Gia, 136 Hang Trong, ☎ 255493, 🖷 257514. Vor allem die Lage direkt am Westufer des Hoan-Kiem-Sees spricht für das ältere Haus. ⑤⟩
Kinh Do, 202 Hang Bong, ☎ 233315. Kleines Privathotel zwischen Bahnhof und Altstadt. ⑤
My Kinh, 72 Hang Buom, ☎ 255726. Kleines privates Hotel mitten in der Altstadt. ⑤
Das Reisebüro Especen, 79 Hang Trong, ☎ 266856, vermittelt Zimmer in einer ganzen Reihe von kleineren Hotels in der Innenstadt. Die meisten Besitzer der Minihotels fragen gerne bei Kollegen an, wenn ihr eigenes Haus belegt ist.

🏨 **Gustave,** 17 Trang Tien, ☎ 250625. Ein Stück Frankreich kehrte nach Hanoi zurück, in ein schön renoviertes Haus mit Bar unten und Restaurant mit kleiner Speisekarte oben. ⑤⟩⟩
Lotus, 16 Ngo Quyen, ☎ 267618. Asiatische Küche in gehobener Business-Atmosphäre. ⑤⟩⟩
Seafood, 22 A Hai Ba Trung, ☎ 258759. Variationen von Meeres-

früchten dominieren die Speisekarte. Das Lokal versteckt sich in einem kleinen Hinterhof. ⑤

Cha Ca La Vong, 14 Hang Cha Ca, ☎ 253929. Seit fünf Generationen bietet die Familie nur eine Spezialität an: am Tisch auf Holzkohle gegartes mariniertes Fischfilet – köstlich. ⑤

Restaurant 22, 22 Hang Can, ☎ 267160. Einfaches Altstadtrestaurant mit saisonalen Spezialitäten wie Tauben und Krebsen. ⑤

Der festlich geschmückte Chua Thay aus dem 11. Jh.

Tagesausflüge von Hanoi

Um zumindest einen kleinen Einblick in die traditionelle Lebensweise der Vietnamesen zu bekommen, sollten Sie sich in der Umgebung der Hauptstadt umsehen. Unterwegs werden Ihnen die Dämme zur Zähmung der Flüsse auffallen, die meist gleichzeitig Verkehrswege sind, und die Abgeschiedenheit der Dörfer. Dicht drängen sich die Häuser um den *dinh,* das Gemeinschaftshaus, und sind nach außen durch Hecken und Bambushaine geschützt. Bedeutende Tempelanlagen schlummern vor sich hin und erwachen nur zu Festen zu buntem Leben.

Tempelmusiker in Aktion

Die sogenannten sieben Arhats in ihren orangefarbenen Roben

** Chua Thay –
** Chua Tay Phuong

Sechs bis sieben Stunden dauert der Ausflug zu den beiden westlich von Hanoi liegenden Tempeln.

In der zweiten Hälfte des 11. Jhs. zog sich der Heilkundige und Mönch Tu Dao Hanh aus einem Dorf bei Hanoi zu einem abgeschiedenen Hügel zurück und baute an einem kleinen See den ** **Chua Thay.** Zu Hanhs vielen Talenten gehörte auch die Kunst des Wasserpuppenspiels, für die er mit dem Titel *thay* (Meister) ausgezeichnet wurde, der auch der Pagode den Namen gab. Der kleine Pavillon im See ist heute wieder Kulisse, wenn vom 5. bis zum 7. Tag des 3. Mondmonats das Tempelfest gefeiert wird.

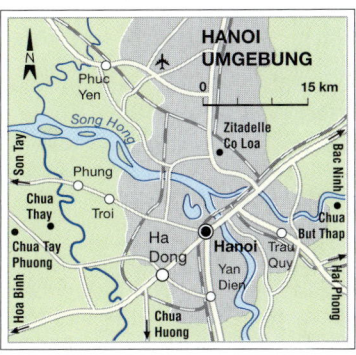

Der Tempel liegt besonders besonders günstig in seine natürliche Umgebung eingebettet: Die Hügelkette in seinem Rücken wird als schützender Drache interpretiert, mit der Pagode als Kopf, dem abfallenden Hals, dem ansteigenden Körper und dem Schwanz auf der anderen Seite des Sees. Der Vorplatz des Tempels stellt die Zunge dar, die beiden 1602 errichteten überdachten Holzbrücken sind die Augen des Drachen.

Acht große Wächterfiguren aus Pappmaché, acht Diamanten genannt, bewachen die Anlage mit ihren drei hintereinanderliegenden, höhenversetzten Gebäuden. Die beiden Pferde erinnern an eine Legende: Nach seinem Tod soll der Mönch Tu Dao Hanh als König Ly Thanh Tong wiedergeboren worden sein. Als die Frau des bis dahin kinderlosen Königs spürte, daß sie schwanger war, sandte sie ein rotes und ein weißes Pferd aus, um dem König die Botschaft zu überbringen. Das rote rannte schnell und benachrichtigte den König, doch das weiße trödelte und wurde dafür in einen Käfig gesperrt.

Auf dem ansteigenden Altar befinden sich von oben nach unten die Buddhas der Vergangenheit, Gegenwart und Zukunft, der Fastenbuddha Tuyet Son, der Dickbauchbuddha Di Lac, eine Quan Am mit tausend Armen, eine Statue des Mönches Tu Dao Hanh und ein kleiner Thich Ca.

König Ly Thanh Tong, die Wiedergeburt des Mönches, steht links auf der höheren Ebene; die Statue ist flankiert von zwei großen Kranichen mit Briefen im Schnabel, die dem König als Boten dienten.

Auf dem Hauptaltar finden sich wieder die Buddhas der Vergangenheit, Gegenwart und Zukunft. Rechts fällt ein großer Sarkophag ins Auge, der einen statuenförmigen Eukalyptussarg mit dem Skelett des Mönches birgt, das sich angeblich aus dem Sarg erhob, als man diesen später einmal öffnete. Ein innerer Mechanismus wiederholte dies für

die Tempelfeste, soll aber inzwischen nicht mehr funktionieren.

Im rechten Winkel beiderseits der Hauptgebäude reihen sich jeweils neun La-Han-Statuen aus Ton auf, die 300 Jahre alt sein sollen. Über sie wacht auf der linken Seite der Erdgott, rechts ein Gott des vegetarischen Esscns.

In der hinteren Halle verehren die Mönche verstorbene Äbte, die Familie des Pagodengründers und einen Berggott.

Auf den umliegenden Hügeln gibt es mehrere kleine Tempel und Pavillons sowie einige Höhlen, die man mit ortskundigen Führern besuchen kann.

Auf dem Hügel Cau Lau, rund 10 km weiter westlich, erhebt sich der **Chua Tay Phuong,** der vor allem architektonisch interessant ist: Die meisten der frühen Tempel fielen im 15. Jh. erneuten Angriffen der Chinesen zum Opfer, so daß sich ab Mitte des 16. Jhs. ein ganz neuer, sehr solider Baustil verbreitete, der trotz späterer Umbauten an vielen Pagoden des Nordens bis heute zu erkennen ist. Die gesamte Anlage ist von einer hohen Mauer umgeben, nach deren dreiflügeligem Tor der Stil *tam quan* genannt wird. Der Grundriß des eigentlichen Tempels gleicht einem liegenden H mit einer breiten Vorhalle, einer schmalen Zwischenhalle und einer wiederum breiten Haupthalle.

Die drei Hallen gehen im Innern ineinander über, erscheinen aber von außen wie drei separate Gebäude, was vor allem durch die drei geteilten Dächer erreicht wird. Bei den wichtigen Pagoden handelt es sich um mächtige, teilweise doppelte, mit gebrannten Ziegeln bedeckte Fußwalmdächer, deren Ecken weit nach oben gezogen sind.

Manche Pagoden besaßen als erstes Bauwerk auf der Hauptachse einen Glockenturm; bei allen war als Abschluß der Wohnraum der Mönche mit ihren privaten Altären an die hintere Außenwand angebaut.

Seitliche Galerien dienten als Lagerraum und boten Pilgern Schutz vor der Witterung und ein Nachtquartier.

Der Chua Tay Phuong gehört zu einer frühen Form des *tam quan*-Stils, bei dem die drei Hallen noch nicht zu einem Gebäude verschmolzen sind. Er besitzt besonders eindrucksvolle Dächer und einige Statuen aus dem 18. und 19. Jh. Schon im Vorraum zieht eine goldbemalte vielarmige Quan Am die Blicke auf sich; seitlich finden sich die mächtigen Wächterfiguren. In der mittleren Halle stehen hintereinander ein kleiner Thich Ca, ein dicker Di Lac, ein Fastenbuddha, flankiert von At Nan und Ca Diep, den besten Schülern Buddhas, und ein stehender Sakyamuni. Die Quan Am Thi Kinh, Barmherzigkeitsgöttin mit Kind (s. S. 53), links vom Altar, stammt aus dem 18. Jh.

Die Figurenanordnung in der Haupthalle ist etwas ungewöhnlich. Vor den Buddhas der drei Generationen, und nicht wie sonst seitlich, reihen sich die

Vielarmiger Avalokiteshvara

Das Reisfeld: Traditioneller Ort für das Wasserpuppentheater

Wasserpuppen

Vom Kasperle bis zum indonesischen Schattenspiel, überall dient Puppentheater der Unterhaltung und Belehrung, der Überlieferung von Geschichten und Legenden. In Nordvietnam rauschen große Holzpuppen durchs Wasser. Schon im 11. Jh. berichteten Reisende über Vorstellungen an Adelshöfen, später waren dann Tempelfeste Orte der Darbietungen. Einer der bekanntesten Meister gründete die Thay-Pagode unweit von Hanoi (s. S. 41), wo heute an Festtagen wieder gespielt wird. Eine Zeitlang lehnte die Partei das Puppenspiel als „bürgerlich" ab, besann sich aber eines besseren. Früher schon waren die Spieler in Gilden streng organisiert und wurden von Meistern angeleitet, die Texte und Spieltechnik nur mündlich weitergaben. Gleiche Strenge herrschte bei den puppenschnitzenden Kunsthandwerkern.

Die Spieler stehen bis zu den Hüften in einem Wasserbecken hinter einem Bambusvorhang und führen die bis zu 70 cm großen, einzeln oder als Gruppe montierten Puppen an Stäben, die im Wasser verborgen bleiben. Dies ist nicht gerade gesund und sehr anstrengend, aber trotzdem geht es meist lustig zu in den kurzen Szenen aus Legenden und dem ländlichen Alltag.

Da tauchen Drachen und Fabeltiere aus den Fluten auf, Bauern setzen Reis oder fangen Fische und Frösche. Die Musiker geben dann ihr Bestes auf den traditionellen Instrumenten, der Sprechgesang intoniert den Dialog oder beschreibt die Szene.

Wenn gerade kein Tempelfest ansteht, kann man sich das Spiel im Wasserpuppentheater am Hoan-Kiem-See ansehen (tgl. 20 Uhr, s. S. 34).

streng dreinblickenden Könige über die zehn Höllen auf, und um die lebensgroßen, sehr lebhaft dargestellten La-Han-Figuren stehen teilweise vor der Rückwand. Insgesamt finden sich hier auch nur 16 statt der üblichen 18 Buddhaschüler.

* Chua Huong

Der Felsentempel Chua Huong *(Parfümpagode)* verbindet sich mit einer Legende, die in den meisten buddhistischen Ländern bekannt ist: Eine besonders schöne Königstochter wollte keinen ihrer Freier zum Mann nehmen, sondern sich ganz dem Buddha hingeben, womit der König, die Nachfolge im Auge, nicht einverstanden war. Die Prinzessin floh vom Hof und versteckte sich in einem Tempel. Als der König seinen Soldaten befahl, seine Tochter zu töten, rettete sie ein weißer Tiger und brachte sie in eine Höhle. Gleichzeitig erkrankte der König an Lepra, verlor Augenlicht und Hände und konnte nur gerettet werden, so sagte ein Weiser, wenn ihm jemand seine Augen und Hände opferte, wozu sich aber im Reich niemand bereitfand.

Nach langer Zeit hörte auch die Prinzessin vom Schicksal ihres Vaters, spendete ihm Augen und Hände, worauf der König wieder genas. Er wußte nicht, wer sich für ihn geopfert hatte, wollte dem Spender aber bei einem Besuch danken. Der Weise führte ihn in die Höhle, wo seine Tochter inzwischen zum Buddha geworden war. Da erkannte der König seine vergangenen Missetaten und trat mit seinem ganzen Volk zum Buddhismus über.

Buddhisten erwerben Verdienste, wenn sie in diesem Leben Schwierigkeiten auf sich nehmen, in der Hoffnung, im nächsten Leben dem Nirwana ein wenig näher zu rücken. Beschwerliche Wege zu Tempeln nehmen Pilger deshalb gerne auf sich. Der Chua Huong liegt rund 60 km südlich von Hanoi. Bis zum Dorf Ben Duc führt eine Straße, dort muß man in ein Boot umsteigen.

Auf beiden Seiten des flachen Flusses liegen bereits zahlreiche kleine Tempel für lokale Götter oder zur Erinnerung an die Legende. Flußabwärts dauert die Fahrt durch die beschaulichen Reisfelder etwa eine halbe Stunde.

Die Bootsanlegestelle hat sich mit Erfrischungs- und Souvenirständen auf den ständig wachsenden Strom der Besucher eingerichtet. Ab hier geht es, vorbei an weiteren Pagoden und Felsentempeln, über Stock und Stein ständig bergauf. Der Weg ist teilweise recht steil und bei feuchtem Wetter gelegentlich glitschig. Festes Schuhwerk und eine gute Kondition sind erforderlich, um nach etwa drei Stunden Fußweg die herrliche Aussicht vom Gipfel genießen zu können. Oben öffnet sich wie ein gigantisches Drachenmaul der Höhlentempel **Huong Tich,** weniger beeindruckend als die Aussicht. Von den Figuren im Inneren raubten die Tay-Son-Rebellen 1786 die wichtigste und schmolzen sie ein – die bronzene Quan Am wurde 1793 durch eine Steinstatue ersetzt, in der man die legendäre Prinzessin als Inkarnation der Barmherzigkeitsgöttin erkennt. Zahlreiche Erfrischungs- und Andenkenstände stören die Atmosphäre ein wenig.

Der Abstieg geht meist schneller als der Aufstieg, doch für die Bootsfahrt flußaufwärts muß man nun eine ganze Stunde rechnen, so daß Sie insgesamt 9 Stunden unterwegs sind, bis Sie Hanoi wieder erreichen.

** Chua But Thap und * Co Loa

Für den Ausflug zu Tempel und Festung brauchen Sie etwa 5 Stunden. Direkt hinter dem Deich des Song Duong, etwa 30 km östlich von Hanoi, liegt die nach dem Beerdigungsstupa ihres Gründers benannte ** **Chua But Thap,** die „Turmpagode". Dieser Mönch namens Chuyet Chuyet war im 17. Jh.

Der Chua Huong

aus China hierher geflohen und starb 1644. Sein Kollege Minh Hanh errichtete sein Grabmal und daneben mit Unterstützung des Königshofs eine große neue Pagode im *tam quan*-Stil (s. Chua Tay Phuong, S. 42), die später vor allem für ihre Figuren bekannt wurde.

Außerhalb der heutigen Mauern stehen das große dreiflügelige Tor und ein zweistöckiger Glockenturm mit der Figur des Jadekaisers unten, des Himmelskönigs oben sowie einer Glocke aus dem Jahr 1815.

Künstlerisch bedeutsamer als die neueren Figuren auf dem Hauptaltar ist die in ganz Vietnam bekannte **Holzskulptur einer tausendarmigen Quan Am,** in die ungewöhnlicherweise das Entstehungsjahr 1656 eingraviert wurde. Die 3,70 m hohe Statue steht in der rechten hinteren Ecke der Haupthalle. Ein Meerungeheuer mit einer Lotosblume trägt die in Meditationshaltung ruhende Quan-Am-Figur, die ein Armpaar im Schoß hält, ein weiteres vor der Brust gekreuzt. 16 Paare wachsen aus dem Rücken und hielten einst ihre Attribute, dahinter fächern sich Arme einer Gloriole gleich auf, Symbol für ihre unendliche Barmherzigkeit. Am Kopf, dem für die Buddhisten wichtigsten Körperteil, trägt die Figur als Zeichen der besonderen Verehrung Buddhafiguren, mit einem Amitabha, dem Buddha des Unermeßlichen Glanzes, an der Spitze.

2,2 m hoch ist ein Fastenbuddha aus dem 17. Jh. (links). Beachtenswert sind auch die 18 La Han an den Seitenwänden und die vielen kleineren Figuren einfacher Menschen, die ab dem 17. Jh. die Pagoden volksnaher gestalten sollten.

Eine Steinbrücke mit schönen Steinmetzarbeiten führt zu weiteren Gebäuden im Tempelhof. Auffallend ist eine 6 m hohe hölzerne Gebetsmühle mit Buddhafiguren, die ganz praktisch die Zahl der Gebete erhöht. In ihrem Innern befindet sich nämlich eine auf Papier notierte Gebetssammlung, die mit jeder Umdrehung als einmal gesprochen gilt.

Die Festung *Co Loa liegt gut 20 km nördlich von Hanoi. Sie war die Hauptstadt des Reiches Au Lac, des ersten festen Staatsverbandes im Delta des Roten Flusses, und entstand etwa 300 Jahre vor der Zeitenwende. Drei der Landschaft angepaßte ovale Wälle umgaben die Siedlung. Der äußere war etwa 7,6 km lang, unten 25 m, oben 10 m breit, etwa 4 m hoch und mit Felsplatten befestigt.

Von einem Dorftor aus dem frühen 20. Jh. kann man die Wallanlagen nur noch erahnen. Frisch renoviert erstrahlt allerdings der Gedenktempel für den Gründer von Au Lac, der **Den An Duong,** in dem am Tempelfest, dem 6. Tag des 1. Mondmonats, die Bronzestatue des Königs gezeigt wird. Nicht weit entfernt liegt der *Dinh Ngu, ein restauriertes Gemeinschaftshaus mit einer offenen Säulenhalle, in dem der König An Duong als Schutzgeist verehrt wird. Direkt neben dem *dinh* duckt sich hinter einem riesigen Banyanbaum der winzige *Den My Chau für die verräterische Königstochter. Weshalb die Prinzessin ohne Kopf dargestellt wird, ergibt sich aus der Legende: König An Duong konnte seine Zitadelle mehrfach gegen Angriffe des südchinesischen Herrschers Trieu Da verteidigen. Schließlich entsandte dieser seinen Sohn Trong Thuy als Unterhändler für einen Waffenstillstand – in Wahrheit aber sollte er das Geheimnis der gegnerischen Kräfte erkunden. Die Königstochter My Chau verliebte sich in den kräftigen chinesischen Königssohn und verriet ihm das Geheimnis ihres Vaters: Er besaß einen Zauberbogen mit einer magischen Schildkrötenkralle, mit dem er Tausende von Feinden niederstrecken konnte. Trong Thuy stahl die Kralle, floh mit der Prinzessin und ermöglichte so den Truppen seines Vaters den Sieg über die Vietnamesen. An Duong aber verfolgte seine Tochter, stellte und enthauptete sie wegen des Verrats an ihrem Volk.

Ho-Chi-Minh-Stadt

Die Lust des Südens

Der sperrige Name stört neuerdings niemanden mehr, im Alltag sagt man einfach Saigon oder Cholon, je nachdem, welcher Teil der Doppelstadt gerade gemeint ist. Denn die Metropole des Südens lebt wieder auf, gewinnt wieder ihre sonnige Leichtigkeit, ihre zielstrebige Geschäftigkeit, ihren chinesischen Krämergeist und ein wenig von ihrer mysteriösen Verruchtheit, die ihr früher das Etikett „Paris des Ostens" aufgeklebt hat. Flanieren Sie über die weiten Boulevards Saigons und drängen Sie sich durch die geschäftigen Straßen der Chinatown Cholon, durch die alle Sinne ansprechenden Märkte. Die Vielfalt der Kulturen zeigt sich in den Tempeln des Buddhismus, Daoismus und Hinduismus, den Moscheen, christlichen Kirchen und im Dom der schillernden Caodai-Sekte. Saigon wird Ihr Stützpunkt im Süden sein, so daß Sie auch hier etwa eine Woche einrechnen sollten – aber Vorsicht, es gibt Leute, die wollten nach dem ersten Besuch für immer bleiben.

Regenzeit: überflutete Treppen des Chua Huong

Die Honda: Statussymbol der vietnamesischen Jugend

Geschichte

Saigon ist eine junge Stadt, die eigentlich erst 1790 an Statur gewann, als Nguyen Anh hier die Zitadelle Gia Dinh baute; von hier aus begann er seinen Siegeszug nach Norden, der ihm 1802 die Königskrone und den Regentennamen Gia Long einbrachte. Vorher gab es am Saigon-Fluß nur kleine Dörfer, erst von Khmer bewohnt, ab 1674 von Vietnamesen aus dem Norden. Die Tay-Son-Rebellen entrissen den Nguyen 1771 zwar vorübergehend die Macht, doch an einer tatsächlichen

Bei „Onkel Ho" treffen sich abends die Saigoner.

Beherrschung des Südens waren sie nicht interessiert.

Mehr Interesse an der Gegend zeigten hingegen chinesische Händler, denen Anfang des 17. Jhs. gestattet wurde, eine Niederlassung einzurichten. Sie nannten sie vorausschauend *cho lon*, „großer Markt".

Eine Zäsur kam in Gestalt der französischen Kolonialherren. Sie besetzten 1859 die Zitadelle und nahmen von hier aus den ganzen Süden und Kambodscha ein. 1862 wurde Cochinchina Kolonie, 1883 Saigon deren Hauptstadt. Dann zogen die Eroberer nach Norden und verlegten ihren Kolonialsitz 1897 nach Hanoi. Die Stadt im Süden prägten sie dennoch: Sie gruben Entwässerungskanäle in das Sumpfland, legten Boulevards an, setzten mit Rathaus, Oper, Kathedrale und Hauptpost architektonische Zeichen, erweiterten den Hafen und schufen mit Straßencafés und eleganten Läden eine Atmosphäre wie in Paris.

Die dritte Phase ist bereits vom Krieg gezeichnet. Nach dem Genfer Abkommen von 1954 wurde Saigon provisorische Hauptstadt des Südens, mit der Etablierung Präsident Diems tatsächliche Kapitale der Republik Südvietnam. Flüchtlinge strömten in die Stadt und ließen ihre Einwohnerzahl schnell auf 2 Mio. anschwellen. Viele der Neuankömmlinge wohnten auf Booten in den Kanälen. Die Amerikaner legten einen Militärring mit dem größten Flughafen der Welt um Saigon und Cholon, was die Zahl der Flüchtlinge nochmals verdoppelte.

Mit der Eroberung des Präsidentenpalastes am 30. April. 1975 war die Wiedervereinigung erreicht, doch nun bewegten sich die Flüchtlingsströme in die entgegengesetzte Richtung, denn viele Land- und Ladeneigentümer, vor allem Chinesen, wurden enteignet, und tatsächliche oder auch nur mutmaßliche Kollaborateure mit den Amerikanern waren bedroht. Die größte Stadt Vietnams wurde nach dem großen Ho Chi Minh benannt und versank erstmal in Agonie. Das änderte sich blitzartig, als 1986 die wirtschaftlichen Reformen begannen. Jetzt fließt wieder Geld aus dem Ausland in die Stadt, der Handel in Cholon belebt sich. Alte Bauten strahlen in neuem Glanz neben blank spiegelnden Bürotürmen. Rad-, Moped-, Auto- und Busfahrer drängeln durch die Straßen. Und wenn es abends kühler wird, flanieren auch die Menschen wieder unter den verbliebenen Bäumen.

Die direkt von der Zentralregierung verwaltete Stadt zählt mit eingegliederten ländlichen Gebieten 4 Mio. Einwohner.

Spaziergang durch das alte Saigon

In einem halben Tag können Sie das Zentrum des ehemals französischen Saigon bequem durchstöbern. Am besten beginnen Sie mit einem Blick über den träge dahinströmenden Saigon-Fluß. Als sich die Kolonialisten früher der Stadt per Schiff näherten, grüßte sie über Sümpfe und flache Häuser hinweg schon von weitem die Kathedrale, lange bevor die Dampfer im **Hafen** festmachten. Heute legen wieder große Frachtschiffe an, die Sie auch aus aus der Nähe bewundern können: Am Pier werden stundenweise Boote vermietet; ein Ausflug führt durch die Sümpfe in den Hafen, ein anderer durch geschäftige Kanäle Richtung Cholon.

Als künstliche Insel ragt das **Floating Hotel ❶** aus dem braunen Wasser, das im Great Barrier Reef vor Australien schon kurz vor der Pleite stand, aber hier zum ersten Hotel der gehobenen Klasse wurde; heute gibt es bessere.

So richtig zum Flanieren bietet sich die **Duong Dong Khoi** an, die beim **Hotel Majestic** von der Uferstraße abzweigt. Das Majestic mit seiner Cyclo-Bar war früher das erste Haus am Platze und ist jetzt vollständig renoviert. Nebenan führt der Staatskonzern Saigontourist das Regiment im *Maxim's,* einem Restaurant und Nachtklub. Die ganze Straße ist gesäumt von Hotels, Restaurants, Läden und Cafés. Als sie noch Rue Catinat hieß, und die Baumreihen noch keine Lücken aufwiesen, gehörte es einfach zum guten Ton, hier zu sehen und gesehen zu werden; die Champs-Élysées des Ostens sozusagen. Auch Sie sollten sich in der „Straße der Volkserhebung" irgendwo einen Kaffee niederlassen, etwa im *Café Brodard,* das es schon in den 20er Jahren gab – damals ein wenig eleganter.

Ein paar Schritte rechts hinein in die Duong Dong Du, und Sie stehen vor der **Moschee,** der größten von 13 in der Stadt, 1935 von südindischen Muslimen gestiftet. Die schlichten Bet- und Waschräume in einem blühenden Garten sind eine Insel der Stille für die etwa 5000 ansässigen Muslime.

Die backsteinrote Notre Dame

Der stille Amerikaner

Er war einer der bekanntesten, produktivsten und meistgelesenen Romanschriftsteller des 20. Jhs., ganz gleich, ob er nebenbei noch kleinere Aufträge für den britischen Geheimdienst erledigte oder nicht: Graham Greene (1904–1991). Jahrelang reiste er durch die weite Welt, um Geschichten und Hintergründe für seine Bücher zu finden. Und Anfang der 50er Jahre saß er dann auch auf der legendären Terrasse des *Continental* und befaßte sich mit Vietnam, dem Krieg der Franzosen im Norden und den Unruhen zwischen den Privatarmeen im Süden.

In Saigon treffen der erfahrene, leicht zynische britische Reporter Thomas Fowler und der junge, naive Amerikaner Alden Pyle aufeinander. Pyle will im Auftrag einer mysteriösen Organisation bestimmte Gruppen, vor allem die Caodai, als dritte Kraft aufbauen, was die Amerikaner zehn Jahre später tatsächlich versuchten. Und dann verliebt sich

„der stille Amerikaner" auch noch in Fowlers vietnamesische Freundin, die ihm von ihrer Schwester in die Arme getrieben wird. Das alles kann nicht gutgehen, aber war Fowler deshalb an Pyles Tod beteiligt?

Einfühlsam schildert Greene verschiedene Aspekte der Beziehungen zwischen Amerikanern, Europäern und Vietnamesen, die heute durchaus noch aktuell sind. Er läßt sich aus über die Desinformationspolitik von Militärführern gegenüber Journalisten, beschreibt deren Konkurrenz untereinander und schildert nicht zuletzt einige Orte, die man heute noch wieder entdecken kann, etwa das *Continental* und das *Majestic* in Saigon, Cholon, die Caodai in Tay Ninh oder den Dom von Phat Diem im Norden. „Der stille Amerikaner" ist eine unterhaltsame Urlaubslektüre, die auch (leider sehr schlecht) ins Deutsche übersetzt wurde (dtv 11707).

Einige Schritte weiter kommen Sie zu einem großen Platz, an dem rechts das **Stadttheater** liegt, das 1899 als Oper eröffnet wurde. Zur Zeit der südvietnamesischen Republik tagte hier das demokratisch nicht besonders legitimierte Parlament. Seit 1976 dient das in einem leicht barock anmutenden Mischstil erbaute Haus wieder der Kunst – von Klassik bis Pop, von Theater bis Vortrag.

Schräg gegenüber öffnet der weiß uniformierte Portier Ihnen gerne die Tür zum **Hotel Continental** ❷, das seit 1880 Gäste aufnimmt. Bekannt wurde es vor allem durch seine – allerdings nicht mehr vorhandene – Terrasse an der Straßenecke, *dem* Treffpunkt für die ausländische High-Society und später für die Kriegsreporter des Westens. Graham Greene verewigte sie in seinem Roman *Der stille Amerikaner.* Heute können Sie immerhin hinter Glas italienisch speisen oder die provenzalische Stille des Innenhofs genießen.

Die beste Terrasse liegt heute 200 m entfernt auf dem Dach des **Hotel Rex,** zu dem Sie an den Läden des Boulevards Le Loi vorbei einen Abstecher machen sollten. Auch dieses 1960 eröffnete Hotel war im Krieg Nachrichten- oder besser Gerüchtezentrale. Der Dachgarten ist jedenfalls so schön kitschig betoniert, daß es schon wieder eine Wonne ist.

Vor dem Hotel zeigt sich auf einem kleinen begrünten Platz Ho Chi Minh in einer besonders onkelhaften Pose. Neben dem Denkmal lassen sich frisch getraute Paare gerne fotografieren. Im Hintergrund haben sie dann das gelbe Rathaus drauf, meist noch in der Kolonialsprache **Hôtel de Ville** genannt. Wie bei der Oper wählte man Anfang des 20. Jhs. den kolonial-barocken Mischstil. Heute residiert hier das Volkskomitee der Stadt, das Besichtigungen nicht gestattet.

Wenn Sie nun auf die Dong Khoi zurückkehren, stehen Sie bald vor der * **Kathedrale Notre–Dame** ❸, von 1877 bis 1883 als neoromanischer Backsteinbau errichtet und 1900 mit zwei 40 m hohen Türmen vollendet. Gipsheilige und Dankesplaketten sind inzwischen wieder renoviert – auch die Katholiken genießen neue Freiheiten.

Gleich nebenan liegt die * **Hauptpost**, der wohl schönste Kolonialbau aus dem späten 19. Jh., mit Buntglasfenstern und gußeisernen Gittern und Geländern. Innen schmücken zwei riesige historische Landkarten die Wände, während unter dem zufriedenen Blick von „Onkel Ho" die Ventilatoren schnurren.

Ein Abstecher vom Weg läßt Sie auf den Spuren der ältesten und der jüngeren Geschichte wandeln; Volksreligion hautnah bietet der Tempel des Jadekaisers. Biegen Sie hinter der Kathedrale nach rechts ab und folgen Sie der Dai Lo Le Duan. Vorbei an der Residenz des französischen Generalkonsuls kommen Sie zur **ehemaligen amerikanischen Botschaft.** Von der Hubschrauberplattform auf dem Dach entschwebten im April 1975 die vermeintlichen Freunde und ließen die meisten der verzweifelt das Gelände umlagernden vietnamesischen Gehilfen zurück. Jetzt sind Gespräche über die Rückgabe des Geländes im Gange.

Um die gesicherte Geschichte geht es dem Tempel gegenüber: Im * **Historischen Museum** ❹ werden neben Zeugnissen der Dong-Son-Kultur und des Funan-Reiches auch Funde aus den alten Reichen der Khmer und der Cham ausgestellt. (🕓 tgl. außer Mo 7.30 bis 11.30 und 13–16.30 Uhr).

Chinesen aus der Provinz Guangdong bauten 1909 den ** **Tempel des Jadekaisers** ❺ *(Chua Ngoc Hoang,* 73 Mai Thi Luu), zwei von außen unscheinbare Gebäude hinter einem baumbestandenen Hof mit Schildkrötenteich. Doch innen entfaltet der Volksdaoismus, dessen oberster Gott der Jadekaiser ist, seine ganze bunte Pracht. Hinter der Eingangstür wachen der Erdgott links und der Torgott rechts, dann folgen zwei riesige Generalsfiguren, die nach der Legende einen weißen Tiger und einen grünen Drachen besiegten. Auf dem Hauptaltar vor der hinteren Wand umgeben den Jadekaiser in der Mitte die „vier Diamanten", seine überaus harten Wächter. Ebenfalls von vier Wächtern umrahmt werden der Gott des Südlichen Polarsterns rechts und der Gott des Nördlichen Polarsterns links vor

❶ Floating Hotel
❷ Continental Hotel
❸ Notre-Dame
❹ Historisches Museum
❺ Tempel des Jadekaisers
❻ Revolutionsmuseum
❼ Mariamman-Tempel
❽ Ben-Thanh-Markt

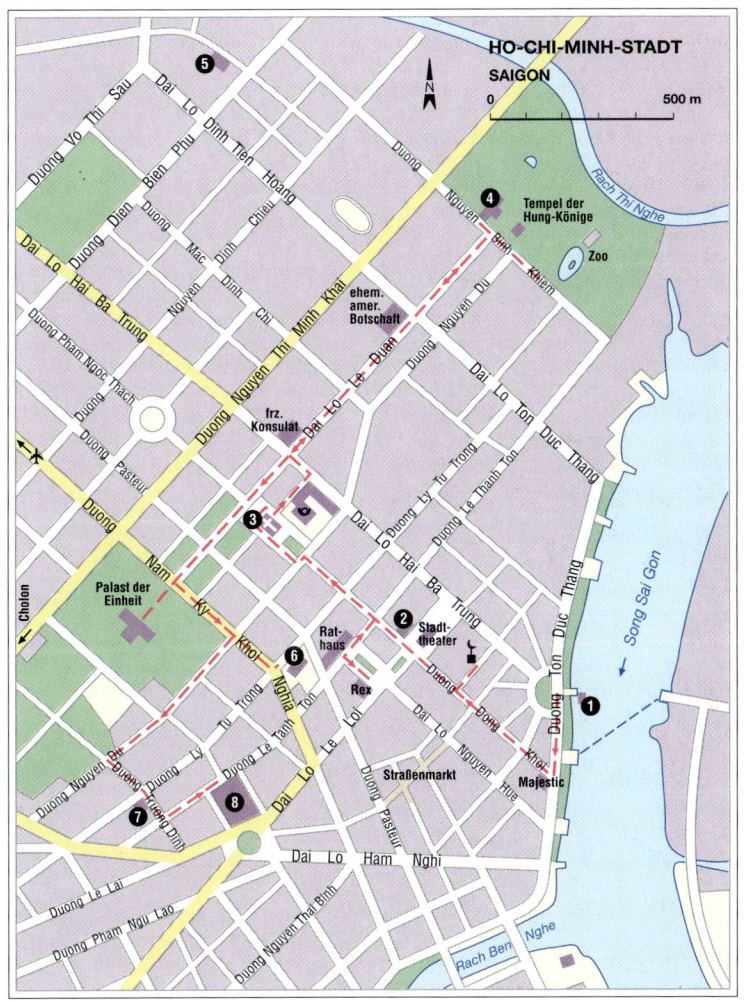

dem Altar. Von gut 4 m hohen Säulen blicken der Sonnengott und die Mondgöttin auf sie herab.

Während in diesem rechten Gebäudeteil dem Himmel gehuldigt wird, steht im linken die Hölle im Vordergrund. Von der Rückwand blickt der Höllenkönig, flankiert von den Göttern des *yin* und des *yang*, über den Raum auf sein rotes Pferd und vier seltsame Gestalten mit hohen Hüten: Sie bestrafen das Böse und belohnen das Gute. An den Seitenwänden ist in schwarzes Holz geschnitzt, was die Höllenbewohner erwartet. Bis ins Detail sind Verstümmelungen und andere Folterungen zu erkennen, überwacht von den Richtern über die zehn daoistischen Höllen. Auf der dem Höllenkönig gegenüberliegenden Wand hängen zwei weitere Tafeln, rechts noch ein Höllenherrscher, links Quan Am Thi Kinh, die Göttin der Barmherzigkeit mit Kind.

Bevor man zum Ausgang gelangt, lohnt noch ein Blick in einen engen Raum mit zahlreichen kleinen Figuren. Zwölf Typen von Frauen stellen die menschlichen Charakterzüge dar, stehen aber auch für jeweils ein Jahr im chinesischen Kalenderzyklus. Die vielen Seidenumhänge der Figuren belegen die Hochachtung, die ihnen entgegengebracht wird.

———

Wenn Sie der breiten Prachtstraße Dai Lo Le Duan von der Kathedrale ❸ in die andere Richtung folgen, laufen Sie genau auf den **ehemaligen Präsidentenpalast** zu, der heute offiziell *Palast der Einheit* oder schlichter Konferenzhalle genannt wird. Der französische Generalgouverneur hatte sich hier 1868 den verschwenderischen Norodom-Palast in einen 12 km² großen Park stellen lassen.

Im verspielten Schloß residierte nach 1954 auch Präsident Diem, bis ihm im Februar 1962 einige Bomben aufs Dach fielen, die allerdings seine „Freunde" aus der eigenen Luftwaffe abgeworfen

hatten. Der Putschversuch mißlang, Diem konnte sich noch anderthalb Jahre an der Macht halten, bis beim nächsten Versuch seine anderen „Freunde" vom CIA mithalfen. Bis dahin hatte Diem jedoch den stark beschädigten Franzosenpalast abreißen und durch ein Betonprachtstück ganz im Stil der amerikanischen Moderne ersetzen lassen. Die Formen und Farben der 60er Jahre sind in Reinkultur erhalten, bis hin zur kunststoffbespannten Tonnenbar vor dem großen Kino.

Besucher dürfen den Palast nur in Begleitung freundlicher Damen besichtigen, die die Nutzung jedes Raumes durch den „Marionettenpräsidenten" erklären. (Eingang seitlich auf der Duong Nguyen Du; ⏲ tgl. 7.30–10.30 und 13–16 Uhr, So nachmittags und bei Konferenzen geschl.)

Teilweise noch gut erhaltene Kolonialbauten südlich des Präsidentenparks beherbergen seit ihrer Errichtung Büros für Beamte – welcher Regierung auch immer. Unterirdisch führt von hier ein Gang zum **Revolutionsmuseum** ❻ (27 Ly Tu Trong). In der als Gia-Long-Palast bekannt gewordenen klassizistischen Villa des Gouverneurs von Cochinchina wird heute der Befreiungskampf gegen den ehemaligen Besitzer geschildert. (⏲ tgl. außer Mo 8–11.30 und 13.30–16.30 Uhr.)

Jetzt folgen Sie aber weiter der Duong Nguyen Du und biegen dann in die Duong Truong Dinh ein. Hausnummer 45 ist der hinduistische **Mariamman-Tempel** ❼, der Ende des 19. Jhs. gegründet wurde. Ab 1990 durfte ihn die kleine tamilische Gemeinde wieder nutzen; heute ist er völlig erneuert. Am interessantesten ist der mit zahlreichen bunten Helden- und Tierfiguren geschmückte Turm über dem Heiligtum, den man über eine Treppe auf der linken Seite erreicht.

In der Umgebung des Hindutempels sieht es schon mächtig nach Kauf und Verkauf aus. Fliegende Händler haben ihre Karren aufgestellt, Frauen sitzen auf Planen am Boden und bieten Kleidung oder Obst an. Der * **Ben-Thanh-Markt** ❽ ist nämlich nur ein paar Ecken weiter, und wer keinen Stand in der 1914 gebauten Halle ergattert hat, versucht draußen seine Waren loszuschlagen. Von Porzellan und Besteck über Textilien bis zu Fleisch, Fisch, Gemüse und duftenden Gewürzen reicht das Angebot in den schmalen Gängen, durch die sich immer zahllose Menschen schieben Augen, Ohren und Nase werden Ihnen übergehen. Den Haupteingang erkennen Sie am markanten Uhrenturm.

Einer der schönsten Kolonialbauten: die Hauptpost

Spaziergang durch Cholon

Wenn Sie in Saigon wohnen, können Sie mit dem Taxi, neuerdings auch mit einem Bus der Gesellschaft Saigon Star fahren, der für vietnamesische Verhältnisse etwas teurer, dafür aber auch nicht

Die vollen Märkte künden vom wirtschaftlichen Aufschwung

Quan Am Thi Kinh

Die tugendhafte junge Thi Kinh saß eines abends neben ihrem schlafenden Mann und nähte. Da sah sie ein Haar seines Bartes in die falsche Richtung wachsen und schnitt es ab. Ihr Mann wachte auf, glaubte, sie wolle ihn ermorden und warf sie aus dem Haus.

Thi Kinh verkleidete sich als Mönch und fand Aufnahme in einem Kloster, wo sich die Tochter eines reichen Landbesitzers an den vermeintlichen Bonzen heranmachte. Natürlich verweigerte sich Thi Kinh, die Dorfschönheit gab sich einem Knecht hin und wurde schwanger. Sie schob alle Schuld auf

den Mönch, der zwar mit viel Geld vom Abt ausgelöst, aber ins Torhaus verbannt wurde. Dort kümmerte sich Thi Kinh um das nach der Geburt im Tempel zurückgelassene Kind und bettelte täglich im Dorf um Milch. Sie wurde immer schwächer, erklärte in einem Brief die ganze Geschichte ihren Eltern, doch als die Wahrheit herauskam, war sie bereits tot.

Gute Taten fordert diese Heiligenlegende aus dem 16. Jh., und eine neue Version der Göttin der Barmherzigkeit, madonnenhaft mit einem Kind auf dem Arm dargestellt, war geboren.

so voll ist. Er ist mit „Cho Binh Tay"
ausgezeichnet und fährt zum Beispiel
auf der Le Loi vor dem Rex-Hotel vorbei. Nach gut 20 Minuten passieren Sie
den Busbahnhof von Cholon. Wenn der
Bus danach links abgebogen ist, steigen Sie aus und gehen geradeaus direkt
auf den Uhrenturm des Marktes zu.

Im **Binh-Tay-Markt** ❾ und seiner Umgebung schlägt das chinesische Krä-
merherz von Cholon. Außer Lebens-
mittel finden Sie auch Kleidung und
Haushaltsgegenstände und in den umliegenden Straßen Fachgeschäfte und
Handwerker aller Art. Lassen Sie sich
ein wenig treiben und schöpfen dann
in dem kleinen Park an der *Dai Lo Hau
Giang* wieder Atem.

Am Ende des Parks zweigt die *Pho Hoc
Lac* ab, leicht zu erkennen an den Pyra-
miden von Zigarettenstangen, die dort
zum Verkauf angeboten werden. In der
Nähe liegt die katholische Kirche **Cha
Tam**. Sie ist benannt nach dem chine-
sischstämmigen päpstlichen Legaten
François Xavier Tam Assou (1855 bis
1934), der hier begraben liegt. Bekannt
wurde sie jedoch im November 1963,
als der gestürzte katholische Präsident
Diem und sein Bruder in die Kirche flohen. Schließlich wurden sie von Soldaten abgeholt und erschossen.

Gehen Sie zurück zur breiten Hauptstraße, die in die Dai Lo Hai Thuong
mündet. An der Ecke mit der Phung
Hung liegt der **Chua Ong Bon** ❿. Der
bärtige Ong Bon wird als Gott des
Reichtums und des Glücks angesehen
und findet somit immer Zulauf. Folgen
Sie der Hauptstraße Dai Lo Hai Thuong
weiter und biegen links in die Chau
Van Liem ein.

Am breiten *Hung-Vuong-Boulevard*
liegt schräg gegenüber der * **Hoi Quan
Phuoc An** ⓫, eine Versammlungshalle
der Chinesen (1902) aus der Provinz
Fujian. Sie verehren den General Quan
Cong aus dem 3. Jh. Bevor sie eine Reise antreten, berühren sie als Glücks-
bringer sein rotes Pappmachépferd direkt neben dem Eingang.

Zurück auf der Chau Van Liem biegen
Sie direkt links in die Lao Tu ein. Auf
der linken Straßenseite zieht der immer
bevölkerte * **Chua Quan Am** ⓬ Gläubige in Scharen an. Auf mehreren Altären wird die Göttin der Barmherzigkeit
v. a. von Frauen verehrt. Hier können
Sie Heilungs- und Beschwörungsritua-
le, Wahrsagereien und Opfergaben des
Volksdaoismus beobachten.

Ein typisches Beispiel für einen etwas
strengeren südchinesischen Tempel,
der auch Versammlungshalle ist, finden Sie im ** **Thien-Hau-Tempel** ⓭
(710 Nguyen Trai). Vom Vorhof sehen
Sie auf die imposanten, rot gestriche-
nen Tore zu, hinter denen eine Geister-
tür die bösen Geister abhält, die nach
traditioneller Ansicht nur geradeaus
fliegen können. Im begrünten Innenhof
stehen auf mehreren Tischen Bronze-
und Messinggefäße zum Einstecken der
Räucherstäbchen. Noch wesentlich
länger senden die riesigen Räucherspiralen an der Decke ihre Botschaft an
die Götter. Im hinteren Gebäude überragt die Statue der Thien Hau den Altar, flankiert von der Göttin der Fruchtbarkeit rechts und der Gattin des Herrschers über den Süden links. Thien
Hau, die Himmelskönigin, stammt aus
dem chinesischen Daoismus. Im frühen
11. Jh. soll ein armes Mädchen aus Fujian Fischer gebeten haben, sie auf
einer Reise mitzunehmen. Die reichen
weigerten sich, so daß sie nur ein kleines Boot fand. Doch dann kam ein
Sturm auf, und alle Boote sanken, außer dem mit dem jungen Mädchen. Die
Himmelskönigin ist bis heute Schutz-
patronin der Fischer und Seeleute; v. a.
Frauen opfern ihr. Bei einer größeren
Summe bekommen sie eine rote Spen-
denquittung, die sie an den Seitenwänden des Tempels öffentlich aushängen.

Blicken Sie im Innenhof jedoch auch
einmal nach oben: Vor allem die Firste
südchinesischer Tempel sind über und
über beladen mit Porzellan- und Glas-
figuren. Szenen aus Legenden werden
ebenso dargestellt wie glückbringende
Tiere und Symbole.

Wichtige Tempel abseits der Wege

Einige sehr schöne Tempel liegen etwas abseits, sind aber per Cyclo oder Taxi leicht zu erreichen.

Der vermutlich älteste buddhistische Tempel liegt in stiller Umgebung nördlich von Cholon und der Pferderennbahn: der **Chua Giac Lam ⓮** (118 Lac Long Quan). Baustil und Bethalle sind typisch für den südvietnamesischen Stil. Die Gebäude sind flach und haben kurze Firste, aber großflächige, weit heruntergezogene Dächer. Der Haupteingang ist wie in praktisch allen Tempeln nur geöffnet, wenn ein Tempelfest gefeiert wird. Sie betreten also an der rechten Seite zunächst den großen Versammlungs- und Speiseraum. Um den richtigen Eindruck zu bekommen, sollten Sie dort nach links zur Bethalle gehen – vorher

Räucherspiralen schicken Botschaften gen Himmel

- ❾ Binh-Tay-Markt
- ❿ Chua Ong Bon
- ⓫ Hoi Quan Phuoc An
- ⓬ Chua Quan Am
- ⓭ Thien-Hau-Tempel
- ⓮ Chua Giac Lam
- ⓯ Chua Giac Vien
- ⓰ Chua Phung Son

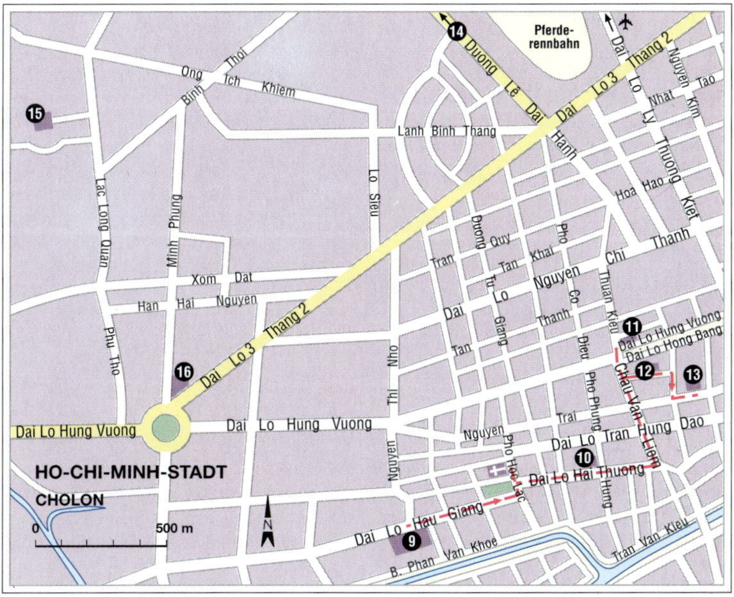

müssen Sie allerdings Ihre Schuhe ausziehen.

Den hoch aufsteigenden Figurenaltar beherrscht oben A Di Da, der Buddha der Vergangenheit. Davor ruht eine Bronzestatue des Thich Ca, des historischen Buddha, die als die älteste der Stadt gilt. Im Süden selten zu sehen ist weiter vorne die Figur des Thich Ca als Kind. Sehr vertraut ist jedoch der lachende Di Lac, auf dessen massigem Körper hier fünf Kinder turnen. Vorne umgeben vier Bodhisattvas einen Thich Ca. Der Altartisch, die ihn umringenden Säulen und die oberen Holzblenden sind mit reichen Schnitzereien aus dem 19. Jh. bedeckt.

Dem Altar gegenüber stehen der Wächter über die buddhistische Lehre und der über die Hölle. Auch an den Seitenwänden wird mit den zehn Höllenkönigen der unangenehmen Seiten des Jenseits gemahnt, während die 18 La Han als fleißige buddhistische Schüler den rechten Weg weisen.

Einen besonderen Akzent im Raum setzt auch der Wunschbaum mit 49 Armen, auf denen jeweils eine kleine Bodhisattva-Figur über ein Licht wacht, das Gläubige gegen eine Spende anzünden können, um ihrem auf einem angehefteten Zettel aufgeschriebenen Wunsch mehr Nachdruck zu verleihen.

Im Versammlungsraum hängen im Rücken des Altars die Porträts bedeutender Äbte. Auf den kleinen Altären davor werden häufig Toten- und Gedächtnisfeiern zelebriert, auch die seitlichen Tische stehen voll mit Erinnerungsbildern an Verstorbene.

Auch draußen spielen Totenfeiern eine bedeutende Rolle. Sie werden in Seitengebäuden abgehalten, und die Tempelküche läuft dann auf vollen Touren.

Von der architektonischen Struktur gleicht der *Chua Giac Vien ⑮ (ca. 400 m abseits der Lac Long Quan, Weg neben Haus Nr. 247, dann links, am Gemeinschaftshaus rechts, am Friedhof vorbei; siehe Plan Seite 55) seinem

etwas älteren Bruder sehr stark. Er ist jedoch wesentlich ruhiger und wird selten von Gläubigen genutzt. Auch das Sanktuarium der Buddhafiguren ist ähnlich. Hinten sitzt A Di Da, davor Thich Ca, flankiert von seinen Lieblingsschülern At Nan (Ananda) und Ca Diep (Kasyapa), davor eine kleine Statue von Thich Ca als Kind, fast verborgen vom kräftigen Di Lac, während vorne vier Bodhisattvas Thich Ca umgeben. Von den Seitenaltären schaut rechts Quan Am, links der Medizinbuddha die Betenden an, und an den Seitenwänden reihen sich wieder die Höllenkönige auf, diesmal links ergänzt vom Meeres- und vom Erdgott.

Etwas abseits des breiten 3-Thang-2-Boulevards (siehe Plan Seite 55) liegt in einem großen Garten an einem Teich der *Chua Phung Son ⑯ aus dem frühen 19. Jh. Der langgestreckte Tempel birgt zahlreiche traditionelle Figuren. Ungewöhnlich ist in der vorderen Halle auf einem linken Seitenaltar die Statue des indischen Mönches Bodhidharma. Er entwickelte aus den Lehren des Buddhaschülers Kasyapa den sogenannte Versenkungsbuddhismus, der im 6. Jh. als Chan-Buddhismus China erreichte; von dort breitete er sich weiter nach Japan aus, wo er als Zen-Buddhismus bekannt ist. Schatz des Tempels sind zwei besonders wertvolle Statuen: ein stehender Bronzebuddha aus Thailand auf einem Tisch vor dem Innenhof und eine kleine Sandelholzfigur des Drachenkönigs in einem Glaskasten an der Wand zur vorderen Halle.

Praktische Hinweise

Vorwahl 01/8

❶ Saigontourist, 49 Le Thanh Ton, ☎ 298129, 🖷 225516. Der staatliche Reisekonzern, der auch Ausflüge und Rundreisen organisiert, hat deutschsprachiges Personal. Mehrere andere Reiseveranstalter haben ihre Büros auf der Dong Khoi, dem Nguyen Hue Boulevard oder in den Seitenstraßen.

✈ Der Flughafen liegt am nördlichen Stadtrand; Taxitransfer.

Vietnam Airlines, 116 Nguyen Hue Boulevard, ☎ 292118, 🖶 230237.

Lufthansa, im Continental Hotel, 132–134 Dong Khoi, ☎ 298529, 🖶 298537.

🏨 **Century,** 68a Nguyen Hue Boulevard, ☎ 293168, 🖶 292732. Aus dem traditionellen Oscar wurde ein modernes Geschäftshotel am Einkaufs- und Büroboulevard. Mit Steakhaus. Ⓢ⟩⟩

Continental, 132 Dong Khoi, ☎ 299201, 🖶 290936. Das berühmteste Hotel der Stadt hat nur noch eine zweitklassige Einrichtung. Italienisches Restaurant. Ⓢ⟩⟩

Majestic, 1 Dong Khoi, ☎ 295515, 🖶 291470. Vollständig renoviert, mit eleganten Suiten und herrlichem Blick über den Fluß. Dachterrasse mit Restaurant. Ⓢ⟩⟩

Omni, 251 Nguyen Van Troi, ☎ 449222, 🖶 449200. Auf halbem Weg zwischen Innenstadt und Flughafen gelegen, doch mit Pendelbus und nach internationalem Standard gemanagt. Ⓢ⟩⟩

Rex, 141 Nguyen Hue Boulevard, ☎ 292185, 🖶 291469. Solides Haus in guter Lage, mit Café (abends Restaurant) und Swimmingpool auf dem Dach. Japanisches Restaurant. Ⓢ⟩⟩

Huong Sen, 70 Dong Khoi, ☎ 291415, 🖶 290916. Einfaches, aber vertrauenswürdiges Hotel im Zentrum. Ⓢ

Norfolk, 117 Le Thanh Ton, ☎ 295368, 🖶 293415. Grundsolides Hotel unter australischer Leitung unweit des Ben-Thanh-Marktes. Ⓢ

Saigon, 45 Dong Du, ☎ 299734. Das einfache, saubere Hotel liegt direkt gegenüber der Moschee mitten im Zentrum. Ⓢ

🏛 **Madame Dai „La Bibliothèque",** 84 Nguyen Du, ☎ 231438. Die Rechtsanwältin und ehemalige Parlamentarierin des Südens hat ihre Bibliothek in ein

Buddhistische Mönche nach ihrem Bettelgang auf dem Markt

Bemalte Urnen im Chua Giac Lam

Die Cu-Chi-Tunnel: ehemaliges Versteck der Vietkong

exquisites Restaurant verwandelt – längst eine Institution. $\textcircled{\$}\text{))}$

Maxim's, 13 Dong Khoi, ☏ 296676. Die ellenlange Speisekarte mit französischen und vietnamesisch-chinesischen Gerichten läßt sich bei Live-Musik studieren. $\textcircled{\$}\text{))}$

Vietnam House, 93 Dong Khoi, ☏ 291623. Hier wird in ruhiger und eleganter Atmosphäre die bekannte Hue-Küche serviert. $\textcircled{\$}$

Vy, 164 Pasteur, ☏ 296210. Im schönen Innenhof oder klimatisiert in der Villa lassen sich die ausgezeichneten europäischen und vietnamesischen Gerichte genießen. $\textcircled{\$}$

Pancake, 99 Nguyen Thi Minh Khai. Bei gefüllten Pfannkuchen geht es hier an langen Tischen einfach und deftig zu, mitten zwischen parkenden Bussen. $\textcircled{\$}$

Mehrere Restaurantschiffe ankern im Fluß. Die **Cosevina 2,** ☏ 230393, legt gegen 19 Uhr ab und schippert für zwei Stunden durch den Hafen. $\textcircled{\$}\text{))}$

Tagesausflüge von Saigon

*Cu Chi und Tay Ninh

Per Mietwagen können Sie die Tunnel bei Cu Chi und den „Heiligen Stuhl" der Caodai-Sekte in Tay Ninh an einem Tag besuchen. Dazu müssen Sie aber früh aufbrechen, damit Sie den Mittagsgottesdienst im knapp 100 km von Saigon entfernten Dom nicht verpassen. Die Fahrt geht entlang der N 22, von der hinter Cu Chi die einzige Landverbindung nach Kambodscha, in die Hauptstadt Phnom Penh, abbiegt. Nach 35 km hat man die verwaltungsmäßig noch zu Ho-Chi-Minh-Stadt gehörende Kleinstadt Cu Chi erreicht, dann geht es noch einige Kilometer in die Botanik, bis man zu einem der obskursten Kriegsschauplätze Vietnams gelangt.

Im *Tunnelsystem von Cu Chi* versteckte die Bevölkerung schon 1948 Vorräte und Waffen vor den Franzosen, doch in den 60er Jahren wurde es auf 200 km Länge zwischen Cholon und

der kambodschanischen Grenze ausgebaut. Ein Video erklärt die Konstruktion: Auf drei Ebenen, in 4 m, 6 m und 8 m Tiefe, legten die Mitglieder des Viet Minh Tunnelröhren mit kleinen Nischen, Schlafräumen, Küchen, Krankenstationen, Vorratskammern, Gefechtsständen, Bombenschutzräumen und Brunnen an. Die Eingänge verschlossen getarnte Falltüren, Attrappen von Eingängen mit angespitzten Bambusrohren waren tödliche Fallen für Uneingeweihte. Ohne von den Tunneln zu wissen, bauten die Amerikaner ein Divisionsquartier oben drauf und wunderten sich über nächtliche Sabotage. Als sie die Sache durchschaut hatten, begann der Kampf: Weite Flächen wurden entlaubt, mit Diesel besprüht und mit Napalm bombardiert. Als dies nicht half, schickte man Schäferhunde in die Tunnel, die mit amerikanischer Seife – die Vierbeiner waren auf den Geruch von Vietnamesen dressiert, also stellten sich diese mittels Seife auf den amerikanischen Geruch um – und blutigen Nasen in die Flucht geschlagen wurden. Dann kamen die „Tunnelratten": kleinwüchsige koreanische und philippinische Soldaten, die das Abwehrsystem aber auch nicht knacken konnten. Tausende Soldaten auf beiden Seiten kamen dabei ums Leben.

Heute sind die Tunnel für Besucher erweitert und befestigt. Ein Führer veranstaltet ein wenig Cowboy-und-Indianer-Spiel beim Suchen von Einstiegsschächten und auf dem Weg durch die kurzen Röhren. Anschließend kann man Limonade oder Kokosnüsse zur Erfrischung sowie Souvenirs erwerben oder in romantischer Atmosphäre im Restaurant am Fluß speisen.

Das Zentrum der Caodai

Außerhalb der Provinzhauptstadt **Tay Ninh** liegt der über 100 km² große Park der Caodai. Von einem mächtigen, bunten Tor führt eine breite Prachtstraße, gesäumt von Gipsfiguren und Tribünen, zum großen Dom. Zwei quadratische Türme ragen hoch über das flache Kirchenschiff, das sich an europäische Vorbilder anlehnt, aber knallbunt-orientalisch verziert ist. Und überall leuchtet das allsehende Auge in einem Dreieck, von dem neun Strahlen ausgehen – das Gottessymbol der Caodai.

Die Neun spielt auch im Innern des Doms eine Rolle, denn neun Stufen gilt es zu

Mittagsgebet der Caodai

Caodai

Im Jahr 1919 erschien dem Kolonialbeamten Ngo Van Chieu ein strahlendes Auge, ein Ereignis, das in den folgenden Jahren auch einigen seiner Kollegen widerfuhr. 1926 gründeten sie die Caodai-Sekte („Großer Palast"), die sich selbst als dritte Offenbarung aller jener Religionen versteht, die sich ihrer Auffassung nach bereits durch einen Propheten zum zweitenmal manifestiert haben.

So bringt Jesus das Christentum ein, Laozi den Daoismus, Buddha den Buddhismus, Konfuzius den Konfuzianismus und Mohammed den Islam. Sie alle verbinden sich zum Caodai, dem letzten Rettungsversuch vor dem Untergang.

Die Oberpriester empfangen Lehren und Anweisungen von in Trance versetzten Medien, die mittels Schreibpinsel oder Kugelschreiber Gottes Willen übermitteln: schlagwortartige Aussagen der verschiedenen Religionen oder berühmter Persönlichkeiten. Als wichtigste Botschafter werden in einem Gemälde im Eingangsraum des Doms der chinesische Republikgründer Sun Yatsen, der französische Schriftsteller Victor Hugo und der vietnamesische Dichter Nguyen Binh Khiem (1492 bis 1587) vereinnahmt, doch auch Churchill, Jeanne d'Arc und andere mußten bereits herhalten.

Die Gemeinschaft ist hierarchisch organisiert, an der Spitze der Pyramide stehen Kardinäle und ein Papst. Die Mitglieder folgen strikten Vorschriften über Kleidung und vegetarische Ernährung, die Priester und Priesterinnen leben im Zölibat. Zu ihren besten Zeiten, in den 40er Jahren, hatte die Sekte im Süden Vietnams vier Millionen Mitglieder. Heute allerdings stehen die meisten Kirchen leer, und als genaueste Angabe über die Zahl der Gläubigen erfährt man: „viele".

Doch die Caodai waren nicht immer so harmlos, wie sie heute erscheinen. Zuerst wandten sie sich gegen die französischen Kolonialherren, wofür manche im Gefängnis schmorten, dann paktierten sie mit den japanischen Besatzern im Zweiten Weltkrieg gegen Frankreich. Sie bauten Privatarmeen auf und rüsteten sie mit schweren Waffen, auf deren Hilfe immer der rechnen konnte, der am besten bezahlte. So wurde auch die Wirtschaft der Provinz Tay Ninh von ihnen abhängig. Erst der katholische Präsident Diem bekämpfte ihren Einfluß, und obwohl die CIA eine Zeitlang mit dem Gedanken spielte, die Caodai als dritte Kraft aufzubauen, unterstützten die Amerikaner schließlich den Präsidenten. Danach brachen die Armeen auseinander, und die Zahl der Gläubigen ging schnell zurück.

erklimmen auf dem Weg zur Glückseligkeit. Auf der neunten Stufe folgen dann weitere neun Stufen bis zur riesigen Weltkugel mit dem magischen Auge. Sie können den Dom in einem äußeren und einem inneren Wandelgang umrunden, wenn Sie dezent gekleidet sind, die Schuhe ausziehen und die Richtung einhalten: Frauen beginnen links und gehen im Uhrzeigersinn, Männer starten rechts und gehen gegen den Uhrzeigersinn.

Auch beim Gottesdienst werden demütige Besucher auf der Empore, wo das Orchester auf traditionellen Instrumenten spielt, geduldet. Jeweils um sechs und zwölf Uhr ziehen die weiß gekleideten Gläubigen und die bunte Kopfbedeckungen tragenden Priester in hierarchischer Reihenfolge und nach Geschlechtern getrennt in den Dom ein und nehmen auf der ihnen zustehenden Stufe Platz. Zahlreiche Verbeugungen und ein monotoner Gesang folgen, gelegentlich vom hellen Klang einer Glocke unterbrochen. Ein Priester liest aus einem der Dogmenbücher, bevor die Versammlung in umgekehrter Reihenfolge den Dom wieder verläßt.

Strandleben in Vung Tau

Die Strände von Vung Tau sind sicher nicht die besten des Landes, aber da die Stadt von Saigon aus auf der gut ausgebauten Straße in rund zwei Stunden erreichbar ist, zieht es zahlreiche Saigoner am Wochenende ans Meer. Schon die Franzosen hatten Ende des 19. Jhs. begonnen, die gleichnamige Halbinsel, die sie Cap Saint-Jacques nannten, zu einer Sommerfrische auszubauen. Einige ihrer Villen sind heute Pensionen. Eine wichtige Rolle spielt hier das Ölgeschäft, denn in einem Joint-venture mit der Sowjetunion beuteten die Vietnamesen die Vorkommen vor der Küste aus. Inzwischen wurden die *lien xo* (Sowjetmenschen) weitgehend von devisenkräftigeren Kollegen verdrängt, und im Gefolge wurde auch der Tourismus wieder angekurbelt.

Wenn es nicht zu heiß ist, lohnt ein Spaziergang (1–2 Std.) um die Südspitze der Halbinsel, vom *Vorderen Strand (Bai Truoc)* zum *Hinteren Strand (Bai Sau)*, der zum Baden eher zu empfehlen ist, weshalb sich dort eine lebensfrohe Freizeitindustrie mit Cafés und Buden etabliert hat; Strandstühle, Sonnenschirme und Schwimmreifen können gemietet werden. Auf Ihrem Besichtigungsgang kommen Sie am *Chua Ngoc Bich* vorbei, einer farbenfrohen Nachbildung der Einsäulenpagode aus Hanoi. Nebenan ist der neue *Chua Quan Am Nam Hai* der Göttin der Barmherzigkeit geweiht. An der Spitze der Halbinsel blickt eine 30 m hohe Nachbildung der Jesusfigur von Rio über das Südchinesische Meer. Überreste von französischen Befestigungsanlagen sind noch zu erkennen, und der Blick fällt hinunter auf einen Tempel auf einer kleinen vorgelagerten Insel, zu der man bei Ebbe hinüberwaten kann.

Die interessanteste Sehenswürdigkeit des Ortes liegt am Nordende des Vorderen Strandes: die **Weiße Villa** *(Bach Dinh)*. Das ansehnliche zweigeschossige Haus in einem großen Garten war einst Residenz französischer Gouverneure und ist heute Museum. Ausgestellt ist die von Tauchern wieder ans Licht gebrachte Fracht einer untergegangenen chinesischen Handelsdschunke, die bis oben mit Porzellan beladen war.

❶ **Vung Tau Tourism,** 18 Duong Thuy Van, ☎ 452314.

🏨 **Grand,** 26 Quang Trung, ☎ 45296, 🖷 452088. Großer Kasten direkt am Vorderen Strand. ⑤
Petro House, 89 Tran Hung Dao, ☎ 52014, 🖷 52015. Neues Hotel mit effizientem, angenehmem Service. ⑤
Rex, 1 Duy Tan, ☎ 52135, 🖷 59862. Solides Haus am nördlichen Ende des Vorderen Strandes. ⑤

🍴 Es gibt kleinere Restaurants am Vorderen Strand, empfehlenswert sind aber vor allem die Hotelrestaurants.

Hue

Die Anmut der Flußlandschaft

In der beschaulischen und weitläufigen Hauptstadt des 19. Jhs. passen sich die Besucher gerne dem gemächlichen Lebensrhythmus der Bewohner an und verteilen die Besichtigung auf zwei oder drei Tage. Auf dem Programm stehen der chinesisch geprägte Palast, die Königsgräber, aber auch ein Ausflug auf dem von Hügeln gesäumten Fluß.

Geschichte

Lange war Phu Xuan, wie die Stadt einst hieß, eine Kleinstadt am Huong Giang, der wegen der auf ihm treibenden Blüten gerne „Fluß der Wohlgerüche" genannt wird. Erst Ende des 17. Jhs. stieg die Heimat der Adelsfamilie Nguyen, die in der Le-Dynastie den Süden beherrschte, zum regionalen Zentrum auf, was sie unter den Tay-Son-Rebellen blieb. 1801 hatte Nguyen Anh auf seinem Eroberungszug von Süden kommend seine Heimatstadt erreicht. Ein Jahr später, nach der Niederwerfung Hanois, ließ er sich in Hue zum König Gia Long ausrufen. Eine neue vietnamesische Dynastie, es sollte die letzte sein, war geboren: die Nguyen-Dynastie. Hue wurde Hauptstadt.

Die Nguyen orientierten sich ganz am Konfuzianismus und dem Vorbild des chinesischen Kaisertums. Also mußte auch ein Palast her, eine Miniaturkopie des Anfang des 15. Jhs. in Peking erbauten Kaiserpalastes. Ein Konfuziustempel und eine Nationalakademie entstanden, ein

Victor Hugo, Sun Yatsen und Nguyen Binh Khiem: von den Caodai vereinnahmt

Durch das Mittagstor betritt man den inneren Palastbereich

Altar zur Anrufung von Himmel und Erde, schließlich die Königsgräber in den umliegenden Hügeln, die ebenfalls ihre Vorbilder aus der chinesischen Ming-Dynastie nicht leugnen können.

Statt sich von der Welt ab- und der 2000 Jahre alten Ideologie des Konfuzianismus zuzuwenden, hätten sich die Nguyen-Herrscher auch mit den drohenden Gefahren für ihr Land beschäftigen können. Doch vor allem Tu Duc, der vierte König, verschloß die Augen vor den anrückenden französischen Truppen und überließ dem Kolonialherren immer größere Teile des Landes fast freiwillig. Einige seiner Nachfolger riefen zum Widerstand auf oder zeigten sich sonst unbotmäßig, doch da war es bereits zu spät: Sie wurden abgesetzt oder von den Franzosen ins Exil geschickt.

Am Ende des Zweiten Weltkriegs kam dann auch das Aus für die Operettenkönige, die pro forma eingesetzt worden waren. Am 24. August 1945 übergab Bao Dai die Abdankungserklärung an die Vertreter des Viet Minh, die den Norden regieren, und nach einem kurzen Intermezzo nach der Teilung Vietnams zog er sich endgültig an die Côte d'Azur zurück.

Stadtbesichtigung

Die **Zitadelle** liegt in geomantisch günstiger Lage am Nordufer des Flusses: Im Rücken schützt sie eine Bergkette, nach Süden blickt sie zur Sonne, auf den Fluß und eine weite Ebene. Sie ist von einer 10 km langen, 6 m hohen und 20 m dicken Mauer und einem 23 m breiten und 4 m tiefen Wassergraben umgeben, besitzt zehn Tore und wurde einst von 24 Bastionen geschützt. Nach den chinesischen geomantischen Bauprinzipien ist sie (fast) quadratisch, denn sie stellt das Zentrum der Herrschaft auf der Erde dar, und die Erde dachte man sich als quadratische Scheibe. Die wichtigsten Bauwerke liegen auf einer zentralen Achse, weniger wichtige paarweise im

rechten Winkel dazu oder auf parallelen Seitenachsen. Nicht das einzelne Gebäude steht im Vordergrund, und muß deshalb zum Beispiel durch große Höhe seine Bedeutung beweisen, sondern das gesamte Gebäudeensemble.

Auf der zentralen Achse liegen am Fluß kleine Pavillons, in denen früher Edikte verlesen wurden. Dahinter ragt auf der mächtigen, dreistufigen Terrasse der 21 m hohe Flaggenturm auf. Seitlich reihen sich, von Wellblechdächern nur notdürftig geschützt, neun 5 m lange und 10 t schwere Kanonen auf.

Die UNESCO hat die Zitadelle auf die Liste des schützenswerten Weltkulturerbes gesetzt und unterstützt die schwierigen Restaurierungsarbeiten. Die Anlage litt mehr als andere Bauwerke unter den Kriegen in Vietnam: 1947 wurden viele Hallen im Kampf gegen die Franzosen zerstört, doch richtig schlimm wurde es 1968: In der *tet*-Offensive hatten die Soldaten der Südvietnamesischen Befreiungsfront die Zitadelle besetzt und mehrere Wochen gehalten. Schließlich bombardierten die Amerikaner rücksichtslos ihre Stellungen und legten das Areal in Schutt und Asche.

Den eigentlichen Palastbereich betritt man durch das **Mittagstor,** das in Form und Aufbau dem gleichnamigen Eingang in den Kaiserpalast von Peking ähnelt. Es ist Teil einer weiteren Mauer, auf die fünf Pavillons aufgesetzt wurden. Vom mittleren, mit Glasurziegeln in königlichem Gelb gedeckt und mit Glückssymbolen verziert, beobachtete der König Zeremonien und Paraden, während die Damen im oberen Stockwerk durch Paneele blinzeln konnten, ohne selbst gesehen zu werden. Das Tor ist inzwischen weitgehend restauriert.

Wenn Sie nun durch das mittlere Tor und über die Brücke des künstlichen Sees schreiten, wandeln Sie auf königlichen Spuren – beide waren einst dem Herrscher vorbehalten. Im Hof der Riten nahmen damals die Mandarine

Aufstellung, getrennt nach Militärs, Zivilisten und dem Range nach an kleinen Steinstelen ausgerichtet. Ihr Blick fällt dann auf die ** **Halle der Höchsten Harmonie,** die, 44 m breit, 30 m tief und 12 m hoch, ebenfalls ihren Vorgänger in Peking nachahmt. Hier gewährte der König Audienzen.

Zwischen den massigen Säulen – in Rot, der Farbe des Glücks, und in Gold, der Farbe des Herrschers, gehalten und mit Drachen, den königlichen Symboltieren, geschmückt – saß der Mächtige auf einem Thronsessel.

Von den anderen Audienz- und Wohnhallen, die sich hinter einer weiteren hohen Mauer aufreihten, blieben größtenteils nicht einmal die Fundamente. In den noch erhaltenen flachen Pavillons hinter der Harmoniehalle kleideten sich hohe Beamte um. Der Palast war natürlich auch Wohnraum der gesamten königlichen Großfamilie, die sich an Gärten und Seen, Theatern und einer **Bibliothek** erfreuen konnten, die im hinteren Palastbereich restauriert wurde: ein luftiger Pavillon mit etwas zu bunt geratenen, verspielten Verzierungen aus Glas- und Porzellanscherben.

Schauspieler in ihren traditionellen Kostümen

Die berühmten Dynastischen Bronzeurnen

Noch relativ gut erhalten blieben die Tempel in der Südwestecke des Palastes. Sie erreichen sie, wenn Sie sich hinter der Harmoniehalle nach links wenden. Früher betrat man sie von Süden durch ein prächtiges dreiflügeliges Tor, von dem aus man auf den **Pavillon der Glorreichen Ankunft** blickte, der als einziges Bauwerk im Palast drei Stockwerke hatte. Dort gedachte man derjenigen, die für die Errichtung der Nguyen-Dynastie ihr Leben gelassen hatten.

Im nächsten Innenhof stehen die in ganz Vietnam bekannten * **Neun Dynastischen Urnen:** Die großen Bronzege-

Boote auf dem 80 km langen Huong Giang

fäße entstanden um 1835 und zeigen jeweils 17 Darstellungen von Flüssen, Bergen, Meeren, Tieren, Pflanzen und mythischen Wesen Vietnams, die Einheit und Wohlstand des Landes symbolisieren sollten.

Der Hof führt zum 1821 erbauten *The-Tempel, in dem heute der Nguyen-Könige gedacht wird. Bis 1958 reihten sich sieben Altäre mit den Ahnentafeln von Königen und Königinnen auf, dann wurden auf Bitten der Königsfamilie drei weitere für die von den Franzosen ins Exil geschickten Könige hinzugefügt, so daß jetzt zehn der 13 Herrscher verehrt werden können. Nur dem letzten König, Bao Dai, und zwei nach kurzer Regierung abgesetzten Familienmitgliedern blieb die offizielle Anerkennung weiter versagt.

Vom Einsturz bedroht ist der im nächsten Hof gelegene Hung-Tempel, der zu Ehren der Eltern Gia Longs errichtet wurde.

Außerhalb des Palastes, unweit der südöstlichen Ecke der Mauer, wurde im ehemaligen Long-An-Palast das *Palastmuseum eingerichtet (3 Le Truc). Es birgt Möbel, Kleidung, Porzellan und Dekorationsgegenstände aus dem Palast. Allein das wohlproportionierte Holzbauwerk ist schon einen Besuch wert, denn es besteht aus einem Rahmen aus dicken Balken des extrem harten Eisenholzes. Zahlreiche Schnitzereien, unter anderem 35 Gedichte und Prosatexte, zieren Balken und Fenster. (◷ tgl. 8–16.30 Uhr.)

Eine erholsame Flußfahrt führt zur **Thien-Mu-Pagode, die König Tu Duc 1858 einige Kilometer westlich des Palastes direkt am Ufer errichten ließ (auch per Straße erreichbar). Der achteckige *Phuoc-Duyen-Turm* ist das Wahrzeichen Hues und symbolisiert mit seinen sieben Stockwerken sieben Inkarnationen des Buddha. Zwei kleinere Pavillons schützen eine Marmorstele mit der Geschichte des Tempels von 1714 und eine 2,5 m große Glocke von 1710. Hinter der hohen Mauer liegt

der eigentliche Tempel, in dem vor allem ein mächtiger Di Lac aus Messing auffällt.

Eine ungewöhnliche Sehenswürdigkeit wurde in einer Garage auf der linken Seite aufgebockt: ein alter Austin mit einem berühmten Foto in der Windschutzscheibe. Es zeigt die Selbstverbrennung des Mönches Thich Quang Duc am 11. Juni 1963 aus Protest gegen die Buddhistenverfolgung des katholischen Diktators Diem. Hue war damals ein Zentrum des Widerstands, und der Mönch reiste von hier nach Saigon, ließ sich im Austin zur Straßenkreuzung fahren, mit Benzin übergießen und anzünden. Das Foto erregte großes Aufsehen in den USA, die Diem stützten, fünf Monate später aber fallenließen.

Herrlich ist der Blick von der Pagode über den Fluß und auf die umliegenden Berge, besonders stimmungsvoll bei Sonnenuntergang.

Weitere 5 km flußaufwärts ist das **Grab des Königs Minh Mang (Lang Hieu) erreicht. Er war der zweite der Dynastie und regierte von 1820 bis 1841. Der Tradtion folgend hatte er bereits zu Lebzeiten mit dem Bau seines Mausoleums nach chinesischem Vorbild begonnen. Auch hier liegen alle Gebäude auf einer zentralen Achse, beginnend mit dem Großen Roten Tor, das zu einem Innenhof führt, den zwei Reihen von steinernen Wächtern säumen. Die große Stele berichtet aus dem Leben des Königs; in den folgenden zwei Tempelhallen opferten die Nachkommen. Drei Brücken führen über den künstlich angelegten See zum Pavillon der Klarheit, von dem aus man einen guten Blick auf einen weiteren, mondsichelförmigen See hat, über den nur noch eine Brücke führt, denn hier gab es keinen Weg zurück vom halbrunden ummauerten Grabhügel.

Zwei weitere Gräber sind besser auf dem Landweg zu erreichen. Verlassen Sie die Stadt im Süden; zunächst führt die Duong Dien Bien Phu genau auf den *Altar für Himmel und Erde* zu, der nicht besonders gut erhalten ist. Vor dem Altar biegt die Straße ab und führt zum **Grab Tu Ducs** *(Lang Khiem)*, des vierten und vielleicht tragischsten Königs der Dynastie (Regierungszeit 1847 bis 1883). Als 1867 seine parkähnliche Grabanlage fertiggestellt war, zog er sich immer häufiger hierher zurück, während die Franzosen die Macht im Land übernahmen. Tu Duc saß derweil mit seinen Konkubinen am See und rezitierte Gedichte. Die Anlage richtet sich nach zwei parallelen Achsen aus. Die Gebäude im Süden nutzte der König zu Lebzeiten als Wohnräume, heute dienen sie dem Gedenken an ihn und seine Königin Le Thien Anh, die in einem kleinen Grab ganz im Norden, am Ende des künstlichen Kanals, beigesetzt ist.

Die restaurierte Bibliothek ist eher ein verspielter Pavillon

Die nördliche Achse beginnt mit einer Terrasse für die paarweise aufgestellten steinernen Wächter, die mit gut 1,50 m die Körpergröße Tu Ducs erreichen. Auf der nächsten Ebene ragt mächtig die größte Steinstele des Landes als Grabstele auf; der König selbst verewigte hier seine Lebensgeschichte in 5400 Zeichen. Ein halbmondförmiger See bildet dann die Grenze zum Reich des Toten, das aber nicht mehr aus einem traditionellen halbkugelförmigen Hügel besteht: Von einer hohen Mauer umgeben steht vielmehr ein Steinsarkophag in einem offenen Innenhof, der allerdings nicht die letzte Ruhestätte Tu Ducs ist – von hier aus wurden elf Tunnel gegraben, und alle, die wußten, in welchen des Königs Sarg geschoben wurde, folgten ihm in den Tod.

Das Wahrzeichen Hues: die Thien-Mu-Pagode

Knapp 5 km weiter südlich zieht sich das **Grab Khai Dinhs** *(Lang Ung)* einen Hügel hinan. Der König regierte von 1916 bis 1925 und war stark von europäischen Baustilen beeinflußt. Eine steile, breite Treppe, von mächtigen Betondrachen gesäumt, führt zu einer Plattform mit ebenfalls betonierten Wächtern. Noch höher liegt der eigentliche Grabbau, der aus drei ineinander übergehenden Räumen besteht. Im Ge-

Eingangstor zur Grabanlage Tu Ducs aus dem Jahre 1867

gensatz zum grauen Äußeren ist das Innere mit bunten Kacheln, Glas- und Porzellanscherben dekoriert; die Blechkränze von der Beerdigung hängen noch an der Wand.

Praktische Hinweise

Vorwahl 01/54

ℹ Hue Tourism, 9 Ngo Quyen, ☏ 23288, 🖷 23502.

✏ Hanoi, Ho-Chi-Minh-Stadt.

🏨 **Century Riverside Inn,** 49 Le Loi, ☏ 23390, 🖷 23399. Das effizient gemanagte Hotel liegt direkt am Fluß und bietet schöne Blicke auf Zitadelle und die Berge. Ⓢ)

Huong Giang, 51 Le Loi, ☏ 22122, 🖷 23424. Das große, staatlich geführte Haus liegt ebenfalls am Fluß. Dachterrassenrestaurant. Ⓢ
Villen in der Ly Thuong Kiet. Mehrere Villen in großen Gärten, mit höchst unterschiedlichen Zimmerstandards, garantieren einen sehr entspannten Aufenthalt. Buchung über Hue Tourism. Ⓢ–Ⓢ

Hue Guesthouse, 5 Le Loi, ☏ 22153, 🖷 23858. Früher residierte hier der Gouverneur von Annam, später Staatsbesucher – heute dürfen Normalsterbliche in der Villa in einem weitläufigen Garten nächtigen. Aus den oberen Stockwerken Blick auf Fluß und Zitadelle. Ⓢ

🍴 **Ong Dao 1,** 134 Ngo Duc Ke, ☏ 22037, und **Ong Dao 2,** Dai Noi, ☏ 23031. Die beiden Familienrestaurants sind dem Küchengott geweiht, der aus Dankbarkeit den Köchen besonders gute Gerichte gelingen läßt. Nr. 2 liegt idyllisch in einem ummauerten Garten, nur wenige Schritte vom Hien-Nhon-Tor der Zitadelle entfernt. Ⓢ
Weitere gute Restaurants in den Hotels Century Riverside Inn und Huong Giang. Ebenfalls auf der Südseite des Flusses finden Sie in den Straßen Ben Nghe und Nguyen Thai Hoc mehrere kleine Lokale dicht beieinander.

Route 1

Spielwiese des Drachen

Hanoi – Hai Phong – * Ha-Long-Bucht**

Wer anders als ein übermütiger Drache kann die 3000 Inseln so idyllisch in die weite Ha-Long-Bucht verstreut haben? Und wenn Sie dann auf einem Boot hindurchgleiten und sich noch eine Dschunke mit braunen Segeln vor die Kameralinse schiebt … Doch bevor Sie dieses Schauspiel als einer der Höhepunkte Ihrer Vietnamreise erleben, fahren Sie auf dem zwei- bis dreitägigen Ausflug von Hanoi durch geschichtsträchtiges Terrain: über den Bach-Dang-Fluß, auf dem die Vietnamesen den Vormarsch der Mongolen stoppten, und durch Hai Phong, den Import-Export-Hafen der Franzosen, an dessen Monumentalbauten inzwischen doch heftig der Putz bröckelt.

Unterwegs werden Ihnen die mächtigen Deiche auffallen, die im Unterlauf des Roten Flusses die Wassermassen kontrollieren und nur gebändigt auf die fruchtbaren Felder strömen lassen. Die Franzosen bauten **Hai Phong** 1874 gezielt als typischen Kolonialhafen aus, der die Citroëns und den Rotwein im- und die Rohstoffe exportierte. Heute liegen die imposanten Kolonialbauten verlassen da, Kirchen und die Kopie der Pariser Oper sind verrammelt. Der Putz bröckelt überall. Hai Phong ist zwar weiterhin die drittgrößte Stadt Vietnams (1,5 Mio. Einw. im direkt der Zentralregierung unterstellten Verwaltungsgebiet, 400 000 in der eigentlichen Stadt), doch seine wirtschaftliche Zukunft ist ungewiß: Hai Phong liegt heute 20 km landeinwärts, und so sucht man Investoren für einen neuerlichen Ausbau des Hafens. Der Hafen war häufig Ziel französischer und amerikanischer Bomben, und 1972 ließ ihn US-Präsident Nixon während der Pariser Waffenstillstandsgespräche wegen der strategischen Bedeutung verminen. Trotz alledem behielt die Stadt einen alten Kern, der zumindest eine Kaffeepause oder einen Spaziergang lohnt.

20 km südlich der Stadt locken vor allem am Wochenende die **Strände von Do Son** die Hanoier an. Sie halten aber einem Vergleich mit den Stränden im Süden nicht stand. Ein Teil der * **Insel Cat Ba,** östlich der Stadt, wurde 1986 zum Nationalpark erklärt – Lebensraum von Affen, Wildschweinen, Rotwild und zahlreichen Vogelarten, einiger Edelhölzer und 150 Heilpflanzen: ein Ort für stille Wanderungen. Im Ort Cat Ba an der Südküste (12 000 Einw.) gibt es einfache Übernachtungsquartiere.

Im Hafen von Hai Phong setzen Sie über den Cam-Fluß und erreichen 12 km weiter den nächsten Fluß ohne Brücke, den **Bach Dang.** In dessen Fluten besiegten die Vietnamesen zweimal fremde Invasoren mit der gleichen Kriegslist: 938 schlug Ngo Quyen die Chinesen und 1187 Tran Hung Dao die Mongolen. Die Heerführer hatten bewehrte Pfähle so in das Flußbett einrammen lassen, daß diese bei Flut nicht sichtbar waren, und lockten in kleinen Booten den Gegner auf seinen großen Kriegsdschunken in die Flußmündung – bei Ebbe saßen die Feinde dann fest.

In der letzten Eiszeit bildete sich eine der schönsten Landschaften Vietnams: die *** **Ha-Long-Bucht.** Damals nämlich senkte sich die südwestchinesische Kalktafel, ließ das Wasser aus einigen Regionen ablaufen und überschwemmte die Küstenebene. Was heute als Inseln aus dem Wasser ragt, sind rund 3000 Bergspitzen in der Bucht und weiter die Küste entlang bis fast zur chinesischen Grenze. Für die skurrilen Formen, die jetzt die Phantasie der Bootsführer beflügeln, sorgten Salzwasser, Wind und Vegetation. Eine drei- bis sechsstündige Rundfahrt durch die Bucht kann im Hotel oder di-

Verzaubernde Ha-Long-Bucht: über 3000 Bergspitzen ragen aus dem Meer

Der Hafen von Hong Gai

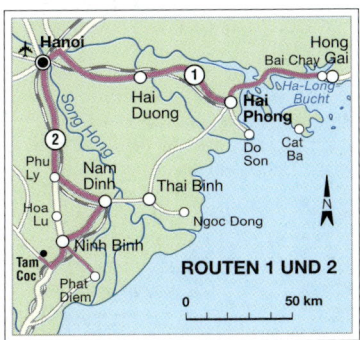

ROUTEN 1 UND 2

0   50 km

rekt am Bootspier organisiert werden und lohnt sich bei jedem Wetter. Manche sagen gar, daß bei Nieselregen die Grauschattierungen von Inseln, Wasser und Dschunken am geheimnisvollsten wirken. Und dann wird Ihnen sicher eine andere Entstehungsgeschichte erzählt: In einem Berg schlief ein Drache. Eine feindliche Invasionsflotte störte ihn, und er stürzte sich auf die Eindringlinge hinunter ins Wasser. Mit seinem Schwanz zog er dabei tiefe Täler in die Landschaft, die sich mit Wasser füllten, als sein mächtiger Körper im Meer versank. Seitdem heißt die Bucht „herabsteigender Drache" – *ha long*.

Interessantes Ausflugsziel in der Bucht ist die Insel der Holzpfähle, **Hang Dau Go.** Über eine Treppe erreicht man die riesige Höhle mit ihren Stalaktiten und Stalagmiten, in der Tran Hung Dao sein Material für die Überlistung der Mongolen gelagert haben soll. Die wenigen touristischen Einrichtungen der Gegend befinden sich in **Bai Chay** entlang der Uferpromenade. Wenn Sie Zeit genug haben, machen Sie einen Spaziergang den Hügel hinauf, von dort haben Sie einen guten Blick auf die Bucht. Auf der anderen Seite der Meerenge liegt **Hong Gai,** seit dem 19. Jh. der Kohleverladehafen der Region. Er bietet kaum Sehenswürdigkeiten, ist aber auch kein graues Industrieloch, sondern hat einige hübsche bunte Häuser und Tempel.

Ⓗ **Ha Long,** Bai Chay, ☎ 01/33/46321, 🖷 46318. Das größte Hotel am Ort liegt am weitesten vom Bootsanleger entfernt. Ⓢ
Vuon Dao, Bai Chay, ☎ 01/33/46427, 🖷 48267. Recht neues, etwas gesichtsloses Haus am Hang. Ⓢ
Van Hai, Bai Chay, ☎ 01/33/46403, 🖷 46115. Das kleine Kolonialhotel liegt direkt gegenüber dem Bootsanleger. Sehr einfacher Standard. Ⓢ
Ⓡ Die meisten Besucher essen in den Restaurants ihrer Hotels. Einfache Eßstuben gibt es gegenüber dem Bootskai und an der Uferstraße mit zweitem Schwerpunkt an der Post.

Route 2

Ein Dom, skurrile Felsen und alte Könige

Hanoi – Ninh Binh – ⁑Phat Diem – Tam Coc – Hoa Lu

Die zwei- bis dreitägige Reise in die fruchtbare Küstenlandschaft südöstlich der Hauptstadt bietet Ihnen viel Abwechslung. Der Dom von Phat Diem verschmilzt christlich–europäische und buddhistisch–asiatische Stilelemente zu einer neuen, überzeugenden Mischung. Höher noch als der Dom ragen die steilen Felsen aus den Reisfeldern der trockenen Ha-Long-Bucht. Mitten hindurch gleiten Sie im flachen Kahn über einen Fluß zu drei bizarren Höhlen. Und in die alte Geschichte Vietnams tauchen Sie ein, wenn Sie die Gedenktempel in Hoa Lu besuchen, das Ende des 10. Jhs. Hauptstadt des Reiches wurde.

Graham Greene beschrieb das südliche Delta des Roten Flusses in seinem Roman *Der stille Amerikaner* (s. S. 49) als „holländisch anmutende Landschaft, wo junge grüne Reissprößlinge und goldene Erntefelder den Platz der Tulpen einnehmen und Kirchen jenen der Windmühlen …". Hier liegt das fruchtbarste Reisanbaugebiet des Nordens, doch schon die Franzosen setzten auf industriell verwertbare Pflanzen wie Baumwolle, die in Textilbetrieben verarbeitet wird. Vor allem in der Umgebung von Ninh Binh ragen aus dem flachen, grünen Reismeer vereinzelt Kalksteinfelsen empor, die von der Zementindustrie gierig verschlungen werden. Übrig bleibt ein feiner weißer Staub, der sich überall festsetzt.

Die verhältnismäßig guten wirtschaftlichen Bedingungen lockten zahlreiche Menschen an, und so gehört die Reiskammer zu den dichtest besiedelten Regionen Vietnams. Mit 200 000 Einwohnern ist **Nam Dinh** nach Hanoi und Hai Phong die drittgrößte Stadt des Nordens. **Ninh Binh** ist wesentlich kleiner (gut 60 000 Einw.). Beide Städte sind keine Schönheiten, denn die amerikanischen Bombenorgien radierten sie fast völlig aus, und nach Kriegsende schuf man durch schlichte Betonbauten schnell neuen Wohnraum.

Der **** Dom von Phat Diem** ist die bedeutendste Kirche in dieser Region, einst Hochburg des Katholizismus. Nach dem Genfer Abkommen (1954) und der erneuten kommunistischen Machtübernahme im Norden flohen viele Katholiken; erst in den letzten Jahren wurden die Gotteshäuser wieder für die Gläubigen geöffnet. Tran Luc wurde 1865 Pfarrer von Phat Diem, von seiner Gemeinde liebevoll Père Six genannt. 1891 begann er mit dem Bau des Doms, der bei seinem Tod 1899 noch nicht beendet war. Sein Lebensziel war die Synthese von westlich-christlichem Gedankengut und östlichen Traditionen, die er auch optisch zum Ausdruck bringen wollte – es ist ihm gelungen.

Eine große, in einem See stehende Jesusstatue, flankiert von Petrus und Paulus, empfängt Sie. Der 25 m hohe Glockenturm birgt neben einer Glocke auch eine Trommel – eine buddhistische Anleihe. Vom zweiten Stock des Turms schweift der Blick weit über die „holländische Landschaft" und auf die zahlreichen Kirchtürme der Umgebung. Unten im Turm liegt das größte Steinbett Vietnams, ein 4,2 mal 3,2 m messender und 35 cm hoher schwarzer Block (Anfang 15. Jh.). Nur wenige Schritte weiter fand Père Six seine letzte Ruhestätte. Ganz in der vietnamesischen Tradition tragen Säulen die gesamte Last des dekorativ geschwungenen Daches, da auf

2

Seite
67

Beeindruckende Architektur: der Dom von Phat Diem

König Le Dai Hanh, Begründer der frühen Le-Dynastie

Mystische Landschaft: die trockene Ha-Long-Bucht

2

Seite 67

52 aus jeweils einem Stamm gefertigte Stützen ruht, die sich im 74 m langen und 21 m breiten Kirchenschiff aneinanderreihen. Die Außenwände bestehen aus dünnen Brettern, die bei Hitze herausgenommen werden können. An der Fassade blasen zwei Engel zum Jüngsten Gericht. Den Altarraum beherrscht ein steinerner Hochaltar mit einer Marienfigur und den Bildnissen von sechs vietnamesischen Märtyrern, die Mitte des 19. Jhs. ums Leben kamen, als die Könige in Hue vorübergehend die Christianisierung bekämpften.

Auf der Weiterfahrt leuchten entlang der Straße Reisfelder in sattem Grün oder zauberhaftem Goldgelb. Doch bald sind Sie umgeben von 40 bis 80 m hoch aufragenden Felstürmen in den skurrilsten Formen. Diese Kalkstrukturen entstanden vor Tausenden von Jahren beim Abfluß des Meeres. Wegen ihrer Ähnlichkeit mit der Insellandschaft weiter nördlich wird die Gegend *trockene Ha-Long-Bucht genannt.

In *Ninh Hai* können Sie einen flachen Kahn besteigen und sich durch Reisfelder staken lassen. Gelegentlich müssen Sie aussteigen und den Kahn über einen Deich tragen. Nach einer knappen Stunde erreichen Sie die **Drei Höhlen** *(Tam Coc):* 3 m hoch und dunkel ist die erste, besser sehen Sie die bizarren Felsformationen in der kürzeren und damit helleren zweiten Höhle, kaum noch Kopffreiheit bleibt in der dritten.

Nur 2 km von Ninh Hai entfernt können Sie zum Felsentempel **Chua Bich Dong** klettern. Die ersten Statuen stehen dort schon seit dem 13. Jh. In Felslöchern und kleinen Tempeln auf dem Felsplateau sehen Sie Buddha- und Quan-Am-Figuren. Noch eindrucksvoller ist allerdings der *Blick* von oben auf die herrliche Landschaft.

Am Rande der Karstberge, 12 km nördlich von Ninh Binh, liegt der unscheinbare, aber geschichtsträchtige Ort **Hoa Lu.** Im 10. Jh. war er für einige Zeit Hauptstadt Vietnams, als die chinesischen Besatzer 938 vertrieben waren,

aber zwölf hochgerüstete Fürsten um die Macht kämpften. 968 gewann Dinh Bo Linh die Oberhand; seine Hauptstadt verlegte er nach Hoa Lu. Doch der neue König Dinh Tien Hoang verbreitete Angst und Schrecken; 979 fielen er und sein ältester Sohn einem Attentat zum Opfer. Sein Heerführer riß die Macht an sich, setzte den sechsjährigen Königssohn auf den Thron und heiratete die Königswitwe – eine in der Geschichte durchaus beliebte Methode, an die Macht zu gelangen. Der General nannte sich König Le Dai Hanh, doch er und sein Sohn regierten nur 30 Jahre, bis im Jahr 1009 durch die Ly-Dynastie stabile Verhältnisse geschaffen wurden und Thang Long, das heutige Hanoi, Hauptstadt des Reiches wurde.

Jede der gegnerischen Fraktionen hat einen Tempel im Dorf. Im **Den Le Hoang** wird König Le Dai Han verehrt, dessen Statue in der Haupthalle flankiert ist von Sohn und Gattin. Das Herz der Dorfbewohner scheint jedoch eher für seinen Vorgänger zu schlagen, denn der **Den Dinh** ist schöner dekoriert und geomantisch günstig am Fuß eines Berghangs gelegen. Die Statuen von Din Bo Linh und seiner Söhne stehen in der Haupthalle. Am 8. Tag des 3. Mondmonats (meist April) feiern beide Tempel ihr Fest.

Wenn Sie Zeit genug haben, bietet sich die landschaftlich schöne Umgebung Hoa Lus für einen Spaziergang über die Feldwege oder eine kleine Kletterpartie auf einen der nicht so hohen Berge an.

Anreise

Täglich mehrere Züge zwischen Hanoi und Ninh Binh (Fahrzeit 2–4 Std.). Mit dem Auto sind Sie knapp 2 Std. unterwegs (die N 1 ist hier gut ausgebaut).

🏨 **Ninh Binh,** Le Hong Phong, Ninh Binh. Große Zimmer in einem alten Kolonialhaus. $

Hoa Lu. Einfaches Gästehaus an der Straße von Ninh Binh nach Hoa Lu. $

In der trockenen Ha-Long-Bucht

Route 3

Tempel und Paläste

Hue – *Wolkenpaß – Da Nang –
*Marmorberge – China Beach –
*Hoi An – *My Son

In der Mitte des Landes geht alles etwas gemächlicher zu. Jenseits des Wolkenpasses fasziniert in der Großstadt Da Nang das Cham-Museum mit über 300 originalen Fundstücken aus Heiligtümern des einst hinduistischen Volkes. Viele stammen aus My Son, dem leider stark zerstörten und schwer erreichbaren Tempeltal. Ganz leicht kommen Sie hingegen zu den fünf aus der Ebene aufragenden Marmorbergen mit ihren Höhlentempeln und zum nahen Erholungsstrand der amerikanischen GIs, dem China Beach. Ein paar Kilometer weiter südlich träumt Hoi An vielleicht noch von seiner Vergangenheit als Handelshafen für Japan und China. Für Da Nang sollten Sie ein bis zwei Tage, für Hoi An einen Tag einplanen.

Von Hue (s. S. 61) aus fährt man zunächst durch die Felder der weiten Ebene und gelangt nach rund 50 km zur Halbinsel Lang Co mit ihren kilometerlangen weißen Sandstränden. Fischerboote schaukeln auf den Wellen oder liegen am Strand unter wogenden Palmen. Die touristische Infrastruktur steckt allerdings noch in den Kinderschuhen, Restaurants und Quartiere sind sehr einfach.

Hinter der Halbinsel beginnt der *Wolkenpaß, Vietnams Wetterscheide zwischen dem subtropischen Norden und dem tropischen Süden. Wenn man auf der von den Franzosen 1888 ausgebauten Straße – schon seit Jahrhunderten ein Botenweg –, die Paßhöhe von 496 m erreicht hat, weht meist ein kühler Wind, der prachtvolle Wolkengebirge vor sich hertreibt. Vom Parkplatz fällt der Blick auf verfallende Befestigungsanlagen, die über 1000 m hohen Gipfel der Umgebung, zwei kleine Tempel, in denen Vietnamesen für eine gute Reise opfern, und die herrliche Hügel- und Küstenlandschaft auf beiden Seiten des Passes.

Da Nang

Die Stadt (400 000 Einw.) ist das Tor zum Reich der Cham, die die Region vom 4.–14. Jh. beherrschten. Erst im späten 15. Jh. gründeten die Viet einen kleinen Hafen, der schon hundert Jahre später Landungsstelle für europäische Missionare war. 1858 landeten die Franzosen hier mit ihren Expeditionstruppen und nannten die Stadt Tourane. Die Amerikaner folgten ihnen 1965. Die US-Militärbasis ließ die Bevölkerungszahl rasant auf 800 000 steigen. Viele Menschen flohen nach der Befreiung in den Süden oder wurden aufs Land umgesiedelt. Heute ist Da Nang die viertgrößte Stadt des Landes. Schöner und interessanter ist sie allerdings nicht geworden. Sie können einen Spaziergang über den Hung-Vuong-Boulevard hinunter zum Markt und dem Han-Fluß machen. Am Ufer verläuft eine breite Promenade mit einigen Restaurants und Hotels. Eine von den Franzosen 1923 erbaute Kathedrale streckt ihre weithin sichtbaren Türme in den Himmel (156 Pho Tran Phu).

Die einzige bedeutsame Sehenswürdigkeit der Stadt ist das **Cham-Museum an der südlichen Ausfallstraße. Nachdem die École Française de l'Extrême Orient Ende des 19. Jhs. begonnen hatte, die Cham-Kultstätten zu erforschen und zu restaurieren, sammelten sich immer mehr Statuen, Friese und Altäre an. Ab 1915 wurden die Fundstücke in einem Museum untergebracht, das nach kurzer Zeit bereits wieder erweitert werden mußte. Das luftige Haus stellt heute etwa 300 Originalstücke aus, nach Fundorten geordnet, darunter einige Prachtstücke: Ein reliefverzierter Altar aus der Gebäudegruppe E 1 in My Son (vermutlich 7. Jh.; Raum 1). Ein Altar aus Tra Kieu (7. Jh.) zeigt auf einem umlaufenden Relief Szenen aus dem indischen Epos Ramayana (Raum 5). Ein buddhistischer Altar aus Dong Duong (aus der kurzen buddhistischen Ära der Cham Ende des 9. Jhs.) stellt das Leben des Buddha dar (Raum 7). In den Räumen 4 und 5 stehen Tierstatuen (10. Jh.) sowie fast rundplastisch gearbeitete Tänzerinnen und Wächter. Statuensockel und Friese mit weiblichen Brüsten, Symbol der Urmutter Uroja (14. Jh.) beherbergt Raum 10. Die späten Plastiken wirken dagegen grob und unbeholfen (Raum 6).

Der Wolkenpaß

Ⓜ **Marco Polo,** 11c Quang Trung, ☎ 01/51/23295, 🖷 27279. Neues Hotel mit entsprechendem Standard in der Nähe von Markt und Fluß. Ⓢ⟩⟩
Bach Dang, 50 Bach Dang, ☎ 01/51/23649, 🖷 21659. Etwas älteres Haus an der Flußpromenade, mit großen Zimmern und schöner Aussicht. Ⓢ

Aus der Ebene ragen 8 km südlich von Da Nang fünf rund 100 m hohe Hügel auf, die nach den fünf Elementen der chinesischen Kosmologie benannt sind: *moc* – Holz, *hoa* – Feuer, *tho* – Erde, *kim* – Metall und *thuy* – Wasser. Schon die Cham verehrten in einigen Höhlen Götterfiguren. In jüngerer Zeit verschanzten sich Guerillakämpfer der Befreiungsfront in den *Marmorbergen und schauten den amerikanischen GIs am nahen China Beach beim Sonnenbaden zu. Am Fuß des Thuy Son liegt mit dem Dorf *Non Nuoc* ein Zentrum der Marmorbearbeitung. Überall bieten alte Frauen mit gefeilten und geschwärzten Zähnen den Besuchern Figuren und kleine Relieftafeln an. Hier beginnt auch der Aufstieg. Am besten nehmen Sie die zweite, hintere Treppe. Auf der ersten Ebene blickt ein großer Buddha über eine Nachbildung der Marmorberge. Er steht neben der Linh-Ung-Pagode, die wiederum den Eingang zur Höhle *Dong Tang Chon* verdeckt. Zwei schöne Statuen bewachen

Das Cham-Museum in Da Nang

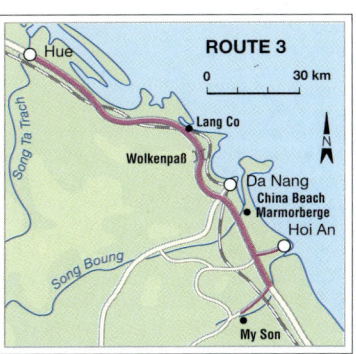

die linke Höhle mit einem sitzenden und einem liegenden Buddha. Die Nachbarhöhle beherbergt mit Reliefs verzierte Steinblöcke, die aus der Cham-Zeit stammen sollen. Noch weiter rechts befindet sich ein kleiner Tempel mit daoistischen Figuren. Immer wieder gelangen Sie zu schönen Aussichtsstellen und weiteren Höhlen mit Statuen. Hinter einem großen Felsenkessel, schon fast auf dem Gipfel, führt ein Weg zur großen *Huyen-Khong-Höhle* mit buddhistischen und daoistischen Altären. Mehrere Öffnungen im oberen Bereich der Höhle lassen ein geheimnisvolles Licht herein, das für bizarre Schatten der Stalaktiten sorgt. Jetzt sind es nur noch einige Schritte zum Kloster und dem *Chua Tam Thai*.

Nach dem anstrengenden Aufstieg haben Sie sich sicher eine Kokosnuß verdient. Frisch gestärkt können Sie noch eine kleine Spitze hinaufklettern und von dort die grenzenlose Rundumsicht genießen und dem Hämmern der Steinmetze weit unter ihnen lauschen.

Vom Kloster führt die vordere Treppe auf direktem Weg zur Straße hinunter. Dann sind es etwa 2 km bis zum berühmten **China Beach,** einem der beliebtesten Strände der amerikanischen Soldaten. Kilometerweit zieht sich der weiße Sand hin, es gibt jedoch nur wenige schützende Bäume.

⌂ **Non Nuoc,** 10 Ly Thuong Kiet, Non Nuoc, ☎ 01/51/21470. Etwas verschlafenes, weitläufiges Hotel direkt am China Beach, als Alternative zu Da Nang und Hoi An erwägenswert. $

*Hoi An

Im 16. Jh. war Hoi An, das damalige Faifo, der bedeutendste Hafen Vietnams, über den China und Japan ihren inoffiziellen Handel abwickelten – offiziell hatte sich Japan von der Außenwelt abgeschlossen, behielt jedoch den Stützpunkt zum Austausch dringend benötigter Waren. 1636 stellte Japan seinen Außenhandel vollständig ein, die Japaner kehrten zurück in die Heimat. Inzwischen hatten sich einige Europäer niedergelassen, allen voran die Vertreter der niederländischen Handelsorganisation VOC, die hier bis 1741 ein Kontor unterhielt. Nachdem 1644 die chinesische Ming-Dynastie gestürzt war, flohen viele ihrer Anhänger nach Süden und bevölkerten auch Faifo, das damals sein chinesisches Gesicht bekam. Mitte des 18. Jhs. begann dann mit der zunehmenden Versandung des Hafens der Abstieg der Stadt.

Die Gebäude, die Sie heute sehen, stammen überwiegend aus der zweiten Hälfte des 19. Jhs. An der *Duong Phan Boi Chau* im Südosten der Stadt sind einige Villen im europäischen Stil erhalten. Die Hauptstraße *Duong Tran Phu* verläuft parallel zum Fluß. An ihr reihen sich die schönsten Häuser, Versammlungshallen *(hoi quan)* und Tempel der chinesischen Gemeinden auf, deren Aufbau immer dem gleichen

Die Heiligtümer der Cham

Die Cham hingen zur Blütezeit ihrer Kultur fast durchgehend dem Hinduismus an und waren stark von indischen Einflüssen geprägt. Alle erhaltenen Bauwerke hatten religiösen Charakter, denn die vergänglichen Menschen wohnten in vergänglichen Holzbauten, nur die Tempel waren ab dem 7. Jh. aus Stein.

Die meisten Anlagen richten sich nach Osten aus, zur aufgehenden Sonne; zeigen die Eingänge nach Westen, so werden die Bauwerke dem Totenkult zugerechnet, denn die Toten gehen nach Westen. Die gesamte Tempelanlage war von einer Mauer umgeben, die heute meist erhalten ist. Durch ein Torgebäude gelangte man in das *mandapa,* eine flache Säulenhalle mit einem Ziegeldach, die zur Vorbereitung der Zeremonien diente. Auf einer Achse dahinter lag das eigentliche Turmheiligtum, *kalan* genannt. Bisher fand man

Schema folgt: Durch einen Vorhof gelangt man zum mächtigen Torgebäude, in dem eine Geisterwand den direkten Blick auf den Altar versperrt. Dahinter folgt ein Innenhof, oft geschmückt mit Brunnen und Miniaturlandschaften, an dem Büros und Versammlungsräume liegen. Dann beginnt der Tempelbereich, meist mit einer Haupthalle und zwei oder mehr Nebenhallen. Sie bergen die Götterfiguren auf fein geschnitzten Altären. Dicke Säulen bestimmen das Bild. An den Dächern erkennt man die südchinesische Bauweise. Die Firste sind mit bunten Porzellanreliefs geradezu überladen.

Am besten erschließen Sie sich die Stadt auf einem Bummel von Ost nach West. Der **Hoi Quan Trieu Chau** (1776) hat die schönsten Schnitzereien an Säulen und Altären: Vögel und Insekten verstecken sich in filigran gearbeitetem Rankwerk. 100 m weiter liegt der

Die Huyen-Khong-Höhle
in den Marmorbergen

3

Seite 73

Türme zwischen 3,80 m und 35 m Höhe, auf quadratischem Grundriß, der in der indischen Kosmologie für den Himmel stand. Der quadratische Sockel des Turms repräsentiert die Erde, der etwas schmalere Korpus den Altar und der pyramidenförmige Dachaufbau den Berg Meru, den Sitz der Götter.

Im engen und dunklen Innenraum stand meist eine Kombination aus Yoni und Lingam. Die Yoni ist eine quadratische oder runde Steinplatte mit einer Rinne rundum und einem Ablauf vorne; als empfangendes Element des geweihten Wassers steht sie für das weibliche Geschlecht. Aus ihrer Mitte ragt das Lingam auf, ein zylindrischer, oben abgerundeter Stein, der leicht erkennbar das männliche Geschlecht darstellt; vor allem symbolisiert er aber den wichtigsten Gott der obersten hinduistischen Dreifaltigkeit, den Alleszerstörer und Alleserschaffer Shiva.

Meist südlich der Hauptachse ragte ein aus zwei Räumen bestehendes Gebäude namens *kose grha* auf, was in der Regel mit „Bibliothek" übersetzt wird. Es besitzt große Fenster und ein hohes, auffällig gewölbtes Dach. Hier wurden Ritualgegenstände und Opfergaben aufbewahrt. Um diese zentrale Gruppe herum standen meist kleinere Tempelbauten, die einigen weniger wichtigen Göttern des Hinduismus geweiht waren.

Ein Streitpunkt der Forscher liegt noch in der Bautechnik, da selbst die höchsten Türme aus gebrannten Ziegeln ohne Mörtel aufgeschichtet wurden. Eine Theorie geht von einem starken Klebstoff aus Muscheln und Ziegelstaub aus, während die andere vermutet, daß die ungebrannten Ziegel aufgetürmt wurden, dann das gesamte Bauwerk mit Erde umgeben und insgesamt gebrannt wurde.

3

Seite
73

Hoi Quan Hai Nan aus dem Jahr 1892. An der nächsten Straßenecke präsentiert das **Museum** im einstigen Quan-Am-Tempel die Stadtgeschichte. Der **Mieu Quan Cong** auf der anderen Seite des Innenhofes ist einem General aus dem 3. Jh. gewidmet. Vor dem Tempel herrscht meist rege Geschäftigkeit, denn hier beginnt der **Markt,** der sich bis hinunter zum Fluß und noch ein wenig am Ufer entlang zieht. Neben Obst und Gemüse, Fleisch und Fisch gibt es hier wirklich alle Waren des täglichen Bedarfs. Wenn Sie weiter auf der Hauptstraße bleiben, stehen Sie bald vor dem großen neuen **Hoi Quan Fujian,** für dessen Besichtigung die geschäftstüchtigen Gemeindechefs Eintritt kassieren. Der Tempel ist der Himmelskönigin Thien Hau geweiht, der Patronin der Fischer und Seefahrer. Die Versammlungshalle der Chinesischen Vereinigungen wird heute nicht mehr genutzt. Wenn die Tür offensteht, kann man jedoch interessante westliche Dekorationen bewundern, zum Beispiel schmiedeeiserne Gitter und reich verzierte Metallsäulen.

Die Bewohner des Hauses Nr. 77 zeigen gegen eine kleine Gebühr Besuchern stolz ihr gut erhaltenes und mit reichen Schnitzereien verziertes Heim. Fast am Ende der Hauptstraße fällt das hohe Torhaus des **Hoi Quan Guang Dong** ins Auge. Auffallend in der 1884 erbauten Anlage sind die Granitsäulen und -stürze, die jedoch ein traditionelles Holzdach tragen. Tempelheiliger ist wieder General Quan Cong.

Einige Schritte weiter trennt ein Nebenarm des Flusses das chinesische Viertel vom einstigen japanischen, verbunden durch die überdachte ** Japanische Brücke.** An ihren Eingängen sitzen auf beiden Seiten steinerne Tierfiguren, die zu Rückschlüssen auf die ursprüngliche Entstehungszeit Anlaß gaben: Den Baubeginn ordnet man dem Jahr des Affen (1593) zu, die Fertigstellung dem Jahr des Hundes (1595). Heute ist der schlichte Aufbau 3 m breit und 18 m lang. Beiderseits des überdachten Fahrwegs breiteten einst Händler ihre Waren aus, die so vor Regen geschützt waren. Ein kleiner angebauter Tempel soll einen wilden Flußgeist besänftigen.

Das Wohngebiet hinter der Brücke ist nicht mehr so interessant. Gehen Sie deshalb vor der Brücke nach links zum Fluß Thu Bon hinunter. In dieser Ecke laden viele Cafés zu einer Pause ein. Die Besitzer des Hauses 101 Duong Nguyen Thai Hoc leben inzwischen fast davon, Besuchern ihr sehr gut erhaltenes Haus zu zeigen. Es heißt **Tan Ky** (Pfandhaus) und gehörte einst einer reichen Kaufmannsfamilie. Ganz typisch befindet sich im Vorderhaus der Laden, dahinter Lager und Arbeitsräume. Dann folgt ein Licht und Luft spendender Innenhof, an den sich die Wohn-/Schlafräume anschließen. Am Hinterausgang liegen Küche, Brunnen und Wirtschaftsräume. Die meisten Häuser waren einstöckig, nur die wohlhabenden Händler konnten sich auf Teilen des Hauses eine zweite Etage für Schlafräume leisten.

🏠 **Hoi An,** 6 Tran Hung Dao, ☎ 01/51/61373. Die weitläufige Anlage ist trotz vieler Zimmer oft ausgebucht. Ⓢ Alternativen im Ort gibt es nur in sehr einfachen Minihotels, sonst am China Beach und in Da Nang.

🏠 **Café des Amis,** Bach Dang. Der Chef hat in Frankreich kochen gelernt. Es gibt keine Speisekarte – lassen Sie sich überraschen. Serviert wird exzellente vietnamesische Küche, und Sie können essen, bis Sie nicht mehr können. Ⓢ

* **My Son**

Das Tempeltal besaß für die Cham dieselbe Bedeutung wie Angkor für die Khmer, auch wenn es nie die Ausmaße und Pracht der Hauptstadt der westlichen Rivalen erreichte. Doch vom 4. bis 13. Jh. entstanden hier viele Tempel, zunächst aus Holz, ab dem 7. Jh. aus gebrannten Ziegeln. Dann begannen die Zerstörungen mit den Überfällen von Viet und Khmer, der Franzosen und schließlich am brutalsten durch die amerikanischen Bombenteppiche. Der Archäologe Parmentier zählte Anfang des 20. Jhs. noch 70 gut erhaltene Bauten, heute sind nur noch 20 in ihren Grundmauern zu erkennen. 1980 gegann die Restaurierung.

Am besten erhalten sind zwei Tempelgruppen, die Parmentier mit B und C bezeichnete. Zu ihnen gehört noch die Gruppe D, da damals nicht erkannt wurde, daß die großen Bauten D 1 und D 2 jeweils das *mandapa* des *kalan* B 1 und *kalan* C 1 waren, die hier allerdings außerhalb der Umfassungsmauer lagen. So gelangten die Priester ab dem späten 11. Jh. von dem *mandapa* D 1 durch das schön verzierte Tor B 2 in das *kalan* B 1 mit seinem Lingam. In den umliegenden kleineren Schreinen wurden hinduistische Götter verehrt, etwa die Shiva-Söhne Skanda, der Kriegsgott, und der elefantenköpfige Ganesh, der Gott der Weisheit. Die Gruppe C stammt weitgehend aus dem 10. Jh. In ihrem *kalan* wurde Shiva durch eine Statue repräsentiert. Die Gruppe A soll zu den schönsten Tempeltürmen gehört haben, wurde durch amerikanische Bomben fast völlig zerstört; auch die anderen Bauten liegen weitgehend in Trümmern.

Hinweis: My Son ist nur bei niedrigem Wasserstand der Flüsse zu erreichen, und je nach Beschaffenheit der Straße nur mit einem Geländefahrzeug. Selbst dieses muß 5 km vor den Ruinen stehengelassen werden. Manchmal stehen dann Mopedtaxis in der Einsamkeit bereit, sonst muß man zu Fuß weiter, oft ungeschützt in sengender Hitze.

Die Japanische Brücke verband früher das chinesische mit dem japanischen Geschäftsviertel

3

Seite 73

Nur noch wenige Reste blieben von den zahlreichen Cham-Tempeln in My Son übrig

Warnung!

Verlassen Sie unter keinen Umständen die ausgetretenen Pfade, da das ganze Tal von den Amerikanern heftig bombardiert wurde und zahllose Minen und Bomben *noch nicht* hochgegangen sind! Ohne erfahrene Begleitung sollten Sie sich nicht auf den Weg machen.

Route 4

Das Mekong-Delta – die Reiskammer des Südens

Saigon – My Tho – *Vinh Long – Can Tho – Rach Gia – *Ha Tien

Der Mekong ist der Lebensspender Indochinas. Über Kilometer erstrecken sich sattgrüne oder erntegelbe Reisfelder und seit der Liberalisierung der Wirtschaftspolitik auch wieder Obst- und Blumenplantagen. Eine Bootsfahrt auf dem gewaltigen Fluß läßt Sie eintauchen in die üppige tropische Vegetation und das Leben der Menschen am Flußufer. Der Weg bis hinunter zum Golf von Thailand und an die Grenze nach Kambodscha dauert hin und zurück etwa fünf Tage.

4

Seite **81**

Viel ist nicht bekannt über das indisierte Reich Funan südlich des Mekong, das seine Blütezeit vom 1. bis 4. Jh. erlebte. Mächtig muß es gewesen sein, denn die Khmer, die vor allem nördlich des Flusses siedelten, waren seine Vasallen. Die Funde der Ausgrabungsstätte Oc Eo legen nahe, daß die Herrscher ihren Reichtum durch Handel verdienten und Kontakte zu Arabern und Indern, vielleicht auch zu Römern und Chinesen unterhielten. Oc Eo, in dem es nichts zu besichtigen gibt, liegt heute 15 km von der Küste des Golfs von Thailand entfernt, doch damals war es ein Hafen, von dem aus die Waren über Kanäle weiter ins Land und bis zum Mekong befördert wurden.

Im 7. Jh. scheint Funan untergegangen zu sein, denn die Khmer zogen nach Nordwesten und errichteten schließlich ihre eigene Hauptstadt Angkor, die den Unterlauf des Mekong für die nächsten Jahrhunderte dominieren sollte. Das heutige Südvietnam war danach kaum noch besiedelt, da der mächtige Fluß

wegen seiner stark schwankenden Wasserstände kaum zu bändigen war. Erst im 17. Jh. drängten die Umstände verschiedene Volksgruppen in die Region, die sie bis heute prägen. Die Viet hatten sich immer weiter nach Süden ausgebreitet und errichteten erste Siedlungen; vor ihnen flohen die Cham, deren Reich weitgehend zerstört war. Dazu gesellten sich Flüchtlinge, die sich aus den dynastischen Kämpfen zwischen den vietnamesischen Sippen Nguyen und Trinh heraushalten wollten. In China hatte die mandschurische Qing-Dynastie die Ming verdrängt, deren Anhänger nach Süden zogen und sich unter anderem in Hoi An und am Mekong als Händler niederließen. Nach dem Niedergang des Angkor-Reiches sahen sich die Khmer von den Siamesen bedrängt, hatten ihre Hauptstadt weiter südlich, nach Phnom Penh, verlegt und sich wieder mehr in die Region orientiert, die sie bis heute Kampuchea Krom, das „untere Kambodscha", nennen. Aus den zahlreichen Kämpfen ging als Machthaber die Nguyen-Sippe siegreich hervor, und ökonomisch spielten die Chinesen eine entscheidende Rolle.

Nachdem die Nguyen sich als Könige in Hue eingerichtet hatten, ließen sie den Süden durch einen Vizekönig verwalten. Doch der Widerstand gegen die französischen Kolonialherren war gering, so daß diese von hier aus Vietnam und Kambodscha unter ihre Kontrolle brachten. Auch wirtschaftlich, denn Ingenieure legten neue Kanäle an und schufen damit die Voraussetzung für die Plantagenwirtschaft und die Bändigung des Mekong.

My Tho, im 17. Jh. von chinesischen Händlern gegründet, entwickelte sich schnell zum kommerziellen Zentrum – kein Wunder, waren von hier aus doch sowohl Kambodscha als auch Saigon auf dem Wasserweg zu erreichen. 1883 bauten die Franzosen eine (inzwischen stillgelegte) Eisenbahnstrecke nach Saigon, die Amerikaner unterhielten hier eine große Militärbasis.

Die Stadt (120 000 Einw.) liegt 70 km südlich von Saigon, zwischen dem linken Ufer des Tien Giang und dem Bao-Dinh-Kanal, an dem sich das lebhafte *Marktviertel* ausbreitet. Mitten in diesem Gewirr versammelt sich die chinesische Gemeinde aus Fujian in ihrem *Hoi Quan,* in dem der General Quan Cong aus dem 3. Jh. mit seinem roten Pferd verehrt wird. Der bekannte *Chua Vinh Trang* am Stadtrand war im Entstehungsjahr 1820 wohl noch nicht ganz ansehnlich, ist aber jetzt zu einer bunten Kirmes mit einem tierquälerischen Zoo verkommen. Ein längerer Aufenthalt in der Stadt lohnt nicht.

Auf der Weiterfahrt müssen Sie sich per Fähre über einen Hauptarm des Mekong übersetzen lassen – mit längeren Wartezeiten ist immer zu rechnen.

Mit glutroten Sonnenuntergängen über dem Mekong und mit erlebnisreichen Bootsfahrten auf dem Fluß lockt * **Vinh Long** (40 000 Einw.; 130 km). Die Stadt liegt an der Stelle, an der der Co Chien in den Tien Giang mündet. Nicht weit von der Einmündung macht sich der geschäftige *Markt* breit, und am Ufer liegen Hunderte von flachen Kähnen, mit denen sich Käufer wie Verkäufer über den Fluß rudern lassen. Von der Tien-Giang-Promenade verkehrt unregelmäßig eine Fähre auf die Flußinsel *An Binh,* auf der kleine Dörfer und

Vor allem Frauen bieten in Booten ihre Waren an

4

Seite
81

Diese jungen Mönche sind Angehörige der Khmer

Die Lebensader Asiens

Der mächtige Strom entspringt im Hochland von Tibet. Gemächlich fließt er über rund 4500 km durch Südchina, Birma, Thailand, Laos und Kambodscha, wo er sich südlich von Phnom Penh teilt: in den Tien Giang, den „oberen Fluß", und den Hau Giang, den „unteren Fluß". In Vietnam spaltet er sich in insgesamt neun Arme auf – „neun Drachen", Cuu Long, nennen ihn die Vietnamesen deswegen. Die extreme Südostspitze des Landes liegt nur etwa 2 bis 6 m über dem Meeresspiegel, ist weitgehend von Mangroven bedeckt und wird in der Regenzeit überschwemmt und versalzt. Die fruchtbaren Gebiete mit bis zu drei Reisernten im Jahr liegen also weiter landeinwärts. Überschwemmungskatastrophen wie im nördlichen Delta des Roten Flusses sind hier unbekannt: Der Mekong hat ein natürliches Abflußbecken, den Tonle Sap in Kambodscha, der tiefer liegt. Bei Hochwasser fließt das Wasser einfach rückwärts in den See ab.

endlose Obstfelder erwandert werden können. Wenn Ihnen dann ein stechender Geruch in die Nase steigt, wissen Sie, daß Sie sich einer Fabrik für die allseits beliebte Fischsauce *nuoc mam* nähern.

Bester Ausgangsort für Unternehmungen ist die Flußmündung, denn hier konzentrieren sich Hotels, Restaurants, das Büro der regen Touristenorganisation und die Bootsanlegestellen. Bei einem *Ausflug auf dem Mekong* können Sie Obstbauern besuchen, die üppige tropische Pflanzenwelt und das Leben am Fluß beobachten.

❶ **Cuu Long Tourist,** neben dem Hotel Cuu Long, Duong 1 Thang 5, ☎ 01/70/23616, 🖷 23357. Sehr hilfsbereites und freundliches Büro für Informationen und die Organisation von Ausflügen.

🏨 **Cuu Long,** 1 Duong 1 Thang 5, ☎ 01/70/22494, 🖷 23357. Zwei Häuser direkt am Co Chien und am Tien Giang, jeweils mit Restaurant. Der Standard ist nicht herausragend, aber die Atmosphäre freundlich. Ⓢ

Erst nach Überquerung des breiten Hau Giang per Fähre, ein Unterfangen, das einige Zeit in Anspruch nimmt, erreichen Sie **Can Tho,** die mit 250 000 Einwohnern größte Stadt des Deltas, seit langem ein wichtiges Handelszentrum. Das ökonomische Herz schlägt wieder mit dem *Markt* am Fluß.

Etwas abseits (36 Duong Hoa Binh) liegt der 1946 gegründete Khmer-Tempel *Chua Munirangsay.* Eine steile Treppe führt hoch zum Meditationsraum, den eine einfache Statue von Sakyamuni unter dem Bodhibaum schmückt. Seit einigen Jahren leben wieder junge Mönche im Tempel.

Parallel zum unteren Mekong ist nach 60 km die weiträumig angelegte Stadt **Long Xuyen** (100 000 Einw.) erreicht. An Sehenswürdigkeiten bietet sie lediglich den kleinen *Chua Quan Thanh De,* den kantonesische Auswanderer Anfang des Jahrhunderts anlegten, und

die größte katholische *Kirche* des Deltas, die die Amerikaner Anfang der 70er Jahre bauten.

🏨 **Long Xuyen,** 17 Nguyen Van Cung, ☎ 01/76/52927. Einziges akzeptables Hotel in der Stadt, sehr einfach eingerichtet. Eine Alternative ist das Hotel in Chau Doc (s. S. 82). Ⓢ

Ein Abstecher führt 55 km nördlich in die ansehnliche Kleinstadt *Chau Doc,* die kurz vor der Grenze zu Kambodscha liegt; hier leben viele Khmer und Cham. Ein gemütlicher Spaziergang durch das Zentrum führt an kleinen Läden und einigen einfachen Tempeln vorbei.

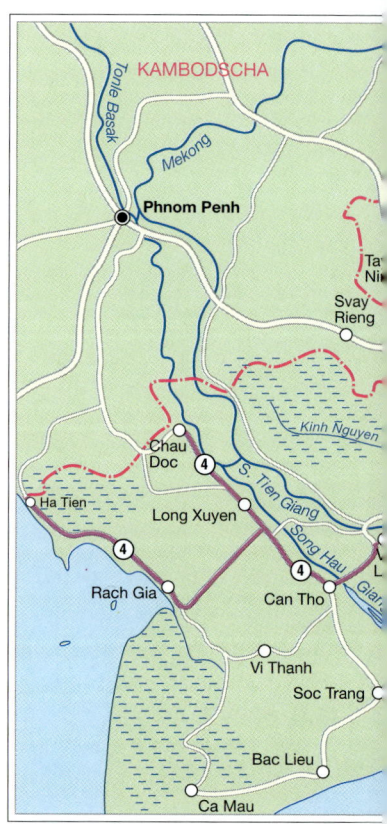

Ausflugs- und Pilgerziel (22.–26. Tag des 4. Mondmonats) ist jedoch der 3 km außerhalb der Stadt gelegene, 230 m hohe *Sam–Berg *(Nui Sam)*, an dessen Abhängen mehrere Tempel zu entdecken sind. Den **Chua Tay An** zieren einige bunte Gipsfiguren, die gewisse hinduistische Einflüsse erkennen lassen; in der Haupthalle sind die fein geschnitzten Buddhafiguren sowie die vielarmige Quan Am beachtenswert. Im neueren **Mieu Xu Thanh** gedenkt man der sagenumwobenen Dame Xu, während schräg gegenüber das Grab eines bedeutenden Beamten der Nguyen-Dynastie liegt. Der schönste Tempel ist der **Chua Hang** auf der Südwestseite des Berges. Die Schneiderin Le

Frauen mit ihren charakteristischen Reisstrohhüten

4

Seite
81

ROUTEN 4 UND 5

SÜDCHINESISCHES MEER

VIETNAM

Thai Tho soll sich als Eremitin hierhin in eine Höhle zurückgezogen haben, in der sie zwei Schlangen bekehrte. Mehrere Tempelbauten und Beerdigungsstupas ziehen sich den Hang hinauf.

🏨 **Hang Chau,** Duong Le Loi, Chau Doc, ☎ 01/76/66196, 📠 66599. Neueres Hotel vor dem Ortseingang direkt am Fluß. ⑤

———

Rach Gia

Vor Long Xuyen biegt die Straße ab, die etwa 50 km parallel zum Thoai-Ha-Kanal an den Golf von Thailand führt. Dort liegt zwischen zwei Armen des kanalisierten Flusses Cai Lon **Rach Gia** (120 000 Einw.), ein Zentrum des Fischfangs und der Zucht von Garnelen und anderen Meerestieren, die am *Hafen* (Duong Bach Dang) zum Export auf Schiffe oder Lastwagen verladen werden. Wenn Sie vom Markt der Duong Tu Duc über den nördlichen Kanal folgen und dann links abbiegen, gelangen Sie zum *Den Nguyen Trung Truc,* in dem des gleichnamigen Märtyrers im Widerstandskampf gegen die Franzosen gedacht wird. Truc gehörte 1861 zu den Angreifern auf das vor Vung Tau liegende Kriegsschiff *Espérance* und wurde dafür 1868 auf dem Marktplatz von Rach Gia von den Kolonialherren hingerichtet. Durch schmale Straßen zwischen Gärten mit kleinen Häusern gelangen Sie zum großen *Chua Phat Lon,* einem schlichten Khmer-Tempel mit einer großen Sakyamuni-Statue.

🏨 **1 Thang 5,** 38 Nguyen Hung Son, ☎ 01/77/62103. Bestes Hotel am Ort, was aber nicht viel besagt, denn der Standard ist sehr schlicht. ⑤

Auf einer nicht besonders guten Straße geht es weiter Richtung Kambodscha. Nur 6 km vor der (geschlossenen) Grenze liegt das nette Städtchen *★Ha Tien* (15 000 Einw.), kurz vor der Mündung des Flusses To Chau in den Golf von Thailand. Die Region, die lange zum Khmer-Reich gehörte, war in den 70er Jahren immer wieder Ziel grausamer Überfälle der Roten Khmer. Sie wollten sich das Land zurückholen, das 1708 Mac Cuu, ein chinesischer Einwanderer, Vietnam angliederte, als er sich als Gouverneur unter den Schutz der im Süden herrschenden Familie Nguyen stellte. 90 Jahre später übernahmen diese die Macht direkt.

Entlang des Flußufers zieht sich ein kleiner *Markt,* und einige Straßencafés haben ihre Stühle und Tische aufgestellt. Drei, vier Straßen breit ist der historische Ortskern mit alten Häusern, an denen die Fassaden meist schon bröckeln. Dahinter dann sind kleine Häuschen in gepflegte Gärten eingebettet. In der Pho Phuong Thanh am Ortsrand liegen mit dem *Chua Tam Bao* (Nr. 328) und dem *Chua Phu Dung* (hinter Nr. 374) zwei kleine Tempel in beschaulicher Umgebung.

3 km außerhalb der Stadt ziehen sich die **Gräber der Familie Mac** an einem Hang empor. König Gia Long stiftete sie 1809 aus Dankbarkeit für die Treue der Familie und ließ sie im traditionellen chinesischen Stil errichten. Seit einiger Zeit werden sie wieder (ein wenig zu grell) angestrichen.

Weitere 3 km stadtauswärts erreichen Sie **Chua Thanh Van,** mehrere Höhlentempel mit schön geschnitzten Statuen. Am Fuß des Hügels erinnert eine Tafel an ein Massaker der Roten Khmer vom 14. 3. 1978, bei dem 130 Bewohner ums Leben kamen.

In der Umgebung von Ha Tien gibt es einige herrliche, vollkommen unberührte weiße Sandstrände, allerdings noch ohne jede touristische Einrichtungen.

🏨 **Du Lich,** Duong Mac Thien Tich, ☎ 01/77/58644. Nicht besonders gemütlicher Neubau, aber mit dem besten Standard am Ort. ⑤
To Chau, Duong Ho Chi Minh, ☎ 01/77/52148. Einfaches Traveller-Hotel direkt an der Pontonbrücke und dem Markt. ⑤

Route 5

Hochland, Strand und Cham-Türme

Saigon – **Da Lat – Phan Rang – **Nha Trang – Phan Rang – Saigon

Die Hochebene von Da Lat ist für Vietnamesen romantisches Ziel für Flitterwochen. Anfang des Jahrhunderts entflohen französische Kolonialherren und reiche Einheimische der sommerlichen Hitze Saigons und bauten hier ihre Villen in den Wald. Die meisten gehören heute Staatsfirmen, doch einige kann man für erholsame Tage des Spazierengehens mieten. Strandfreuden erwarten Sie dann nach einer Fahrt mit schönen Ausblicken in der reizvollen Küstenstadt Nha Trang. Unterwegs treffen Sie auf einige der repräsentativsten Ziegeltürme der Cham. Für die Rundreise müssen Sie mindestens fünf Tage einplanen, wenn Sie sich erholen wollen entsprechend mehr.

Der Sam-Berg: Beliebtes Pilgerziel der Buddhisten

Teeanbau im Hochland Vietnams

5

Seite 81

Hinter Bien Hoa biegt von der Nationalstraße 1 die Nationalstraße 20 ab, die das südliche Hochland erschließt und nach Da Lat führt. Die Plantagenwirtschaft der Kolonialzeit wird jetzt unter staatlicher Regie weitergeführt, so daß Sie zunächst kilometerlang an Kautschukbäumen, Bananen- und Ananasfeldern vorbeifahren; in den höheren Regionen bestimmen dann Tee-, Kaffee- und Tabakplantagen das Bild. Bekannt ist Vietnam auch für seinen grünen Pfeffer, der sich an 2 m hohen Ziegelkaminen (s. S. 11) emporrankt.

Da Lat: die alte Sommerfrische der Franzosen

Etwa am Kilometerstein 140 von Saigon beginnt eine unbefestigte Straße zum **Nationalpark Cat Tien,** für dessen Besuch man eine Genehmigung durch ein staatliches Reisebüro einholen sollte. Ob im Naturschutzgebiet noch Nashörner und andere große Säuger leben, ist ungewiß. Auf jeden Fall gibt es aber rund 200 Vogelarten, unzählige Insekten, Reptilien, Wildschweine und Hunde im originären Dschungel.

In **Bao Loc** haben Sie auf 850 m Höhe ein Zentrum der Teeproduktion erreicht. Am Wochenende findet ein bunter Markt statt, und in der Umgebung plätschern mehrere Wasserfälle.

Ebenfalls samstags und sonntags treffen sich die Bergbewohner auf ihrem Markt in **Di Linh,** das inmitten von Maulbeerplantagen liegt. Die Blätter des Maulbeerbaums sind die Lieblingsspeise der Seidenraupen, aus deren Kokons die Fäden der so kleidsamen Stoffe gewonnen werden.

Auf dem Weg nach Da Lat können Sie, teilweise von der Straße, teilweise nach kleinen Abstechern mehrere Wasserfälle besuchen. Einen richtigen Picknickpark gibt es an den **Prenn–Fällen,** 12 km vor Da Lat, wo ein Fluß auf 30 m Breite 15 m in die Tiefe stürzt. Auf einem befestigten Weg kann man hinter dem Wasser hergehen.

★★Da Lat

Die „Stadt des ewigen Frühlings" wurde von der französischen Kolonialverwaltung sehr gezielt als Genesungs- und Erholungsort ausgebaut, da die klimatischen Bedingungen auf 1475 m Höhe denen in Europa ähneln. Dr. Alexandre Yersin, ein in der Schweiz geborener Wissenschaftler, erkundete 1893 im Auftrag der französischen Regierung das Hochplateau, um es auf seine Eignung als Erholungsort zu erkunden. 1897 baute man das erste Forschungsinstitut, ab 1899 die Stadt. Anfang des 20. Jhs. trieb man den Bau der Eisenbahn von der Küste bis an den Fuß des Plateaus voran, eine Zahnrad-

bahn nach Da Lat folgte 1933, und 1938 wurde der architektonisch gelungene Bahnhof eingeweiht. Die Straße von Phan Rang war 1914 fertig. 1907 eröffnete das erste Hotel, 1922 das vornehme Hotel Palace. Ein Flüßchen wurde zum Grand Lac aufgestaut, und bis 1925 war ein Erholungsort für Europäer entstanden. Dann begann der Bau der Villen. 1930 gab es schon 400, zehn Jahre später die doppelte Anzahl. Schulen wurden gebaut und eine Kathedrale, Da Lat geriet einer europäischen Stadt immer ähnlicher. Auch die neuen Machthaber im Süden schätzten den Ort, Präsident Diem konfiszierte die Villen für seine Familie und die Militärs, später auch für seine amerikanischen Freunde, die dafür 1961 eine nicht besonders schöne Betonmarkthalle spendierten. Nach der „Befreiung" begegneten den Nordvietnamesen den Bergvölkern in der Umgebung zunächst mit Mißtrauen, denn viele hatten gegen sie gekämpft.

Erst seit 1992 ist der Zugang zum Bergland auch für Ausländer unproblematisch, und die touristische Entwicklung Da Lats hat wieder oberste Priorität. Hotels und Villen werden renoviert, der Golfplatz ist wieder eröffnet, der See neu ausgebaggert. Inzwischen leben 120 000 Menschen in Da Lat und Umgebung, und die Bergvölker geraten schon fast zur touristischen Sehenswürdigkeit. Dabei lebten sie vor 100 Jahren noch ganz alleine hier, wie der Name es schon besagt, denn *da lat* bedeutet „Fluß der Lat".

An wirklich bedeutsamen Sehenswürdigkeiten hat die Stadt nicht viel zu bieten, aber bei erholsamen Spaziergängen oder Kutschfahrten kommt man an einigen markanten Punkten des weitläufigen Ortes vorbei. Das Zentrum liegt rund um den **Markt,** auf dem es immer frisches Obst aus der Umgebung gibt, und den über eine breite Freitreppe zu erreichenden Hoa-Binh-Platz, von dem aus Einkaufsstraßen in alle Richtungen führen. Über die Duong Le Dai Hanh gelangen Sie zum kleinen Staudamm für den **Xuan-Huong-See,** der nach einer Dichterin aus dem 19. Jh. benannt ist.

Südlich des Sees liegen am Hang die Hotels Dalat und Palace, überragt von der **Kathedrale** (1942). Vorbei am ehemaligen Petit Lycée Yersin, heute Kulturinstitut, und dem Pasteur-Institut für Naturwissenschaften gelangen Sie zur **Sommerresidenz von Bao Dai,** des letzten vietnamesischen Königs, die 1933 im Stil der Zeit entstand. Das Mobiliar blieb unverändert, und man könnte glauben, der Monarch sei in den 50er Jahren nur zum Urlaub an die Côte d'Azur gereist. (🕐 tgl. 7–11 und 13.30–16 Uhr, nicht zuverlässig.)

Die Sommerresidenz des letzten Herrschers Bao Dai

Fährt man vom Südufer des Sees nach Westen, so gelangt man über die Duong Tran Hung Dao zur **ehemaligen Residenz des Generalgouverneurs** (1933). Art nouveau und Art déco prägen in Architektur und Dekoration die heute als Hotel genutzte Villa in einem großen Rosengarten. Weiter südlich entstanden ab den 40er Jahren, als immer mehr Vietnamesen hier siedelten, mehrere buddhistische Tempel.

In der Umgebung Da Lats stehen Spaziergänge in der Natur im Vordergrund.

Beeindruckender Panoramablick vom Ngoan-Muc-Paß

5

Seite
81

Von Leiden und Liebe

Etwa 6 km nordöstlich Da Lats bietet ein kleiner See Gelegenheit, sich eine nette Legende erzählen zu lassen: Im 18. Jh. traf hier ein hübsches Mädchen auf Pilzsuche einen jungen Mann auf der Jagd. Augenblicklich verliebten sie sich ineinander. Kurz darauf wurde der Mann plötzlich in die Armee berufen – nicht einmal benachrichtigen konnte er seine Angebetete! Als er zum nächsten Rendezvous nicht erschien, glaubte sie, er liebe sie nicht mehr, und ertränkte sich. So tragisch ist die Geschichte, daß der Ort bis heute **Seufzersee** heißt. Fahren Sie Bötchen, aber stürzen Sie sich nicht der jungen Frau nach!

Es kommt schließlich noch das **Tal der Liebe,** rund 6 km nördlich der Stadt. Junge und neuvermählte Paare zieht es ganz besonders nach Da Lat, so sind die meisten Besucher der Stadt auch Einheimische. Jeder von ihnen steigt mindestens einmal den Hügel hinauf, vorbei an ungezählten Erfrischungs- und Andenkenbuden, um von oben einen Blick auf den kaffeebraunen See im Tal zu genießen und ein Foto zu machen. Am See kann man Boote mieten, aber wer sich die Zeit nimmt, ein Stück am Ufer entlang zu wandern, hat den ganzen Rummel bald hinter sich gelassen.

Mehrere Wasserfälle sind zu erreichen, und man kann einige Dörfer von Bergvölkern besuchen. Nördlich des Sees breitet sich erst einmal der Golfplatz aus. Nicht weit östlich davon liegt ein **Blumengarten** mit bezeichneten einheimischen Bäumen, Sträuchern und Blumen sowie mehreren Orchideenhäuscrn.

❶ Dalattourist, 4 Tran Quoc Toan, ☎ 01/63/22619 und 22021 (Vertretung in Saigon: 21 Nguyen An Ninh, ☎ 01/8/230227, 🖷 222347). Sehr rege Touristenorganisation, über die man Ausflüge und Übernachtungen in Villen buchen kann.

🏠 **Palace,** 2 Tran Phu, ☎ 01/63/22203, 🖷 21241. 1922 eröffnetes Kolonialhotel mit schönem Blick, das nach ausgiebiger Renovierung nun unter ausländischem Management in neuem Glanz erstrahlt. ⑤⟫⟫
Villa des französischen Generalgouverneurs, Tran Hung Dao, ☎ 01/63/22092 (Vertretung in Saigon 01/8/355470). In riesigen Suiten wohnt man stilvoll in teilweise noch originalem Art déco, allerdings laufen täglich zahllose Besucher durch den Garten. ⑤⟫⟫
Anh Dao, 52 Hoa-Binh-Komplex, ☎ 01/63/22384, 🖷 23570. Neues, gesichtsloses Hotel im Stadtzentrum. ⑤⟫
Ngoc Lan, 42 Nguyen Chi Thanh, ☎ 01/63/22136. Mittelgroßes Hotel im Stadtzentrum, in den 60ern Quartier von US-Offizieren, mit breitem touristischen Angebot. ⑤⟫
Hai Son, 1 Nguyen Thi Minh Khai, ☎ 01/63/22379. Einfaches, aber sauberes Hotel direkt am Markt. ⑤
Villen über Dalattourist.

🏠 **My Canh,** 41 Nguyen Thi Minh Khai. Das Restaurant im Hotel Thanh Binh bietet gute chinesische Küche. ⑤ In der Nachbarschaft zahlreiche andere kleine Restaurants.
Thuy Ta. Das Essen ist nicht mehr als durchschnittlich, aber der Blick ist herrlich, denn das Holzhaus steht auf Stelzen im Süden des Xuan-Huong-Sees. ⑤

Dalat Palace Golf Club, ☎ 01/6323507, 🖷 24325 (in Saigon: ☎ 01/8/997443, 🖷 992925).

___

Entlang der von französischen Ingenieuren abgesteckten Route geht es nun hinunter zur Küste. Auf dem 980 m hohen Paß Ngoan Muc haben Sie einen herrlichen Blick über die umliegende Berglandschaft bis auf das Meer. Auch hier liegen beiderseits der Straße weite Plantagen und einzelne Pfahlbaudörfer von Bergvölkern.

Kurz bevor die Straße in *Phan Rang* die parallel zur Küste verlaufende Nationalstraße 1 erreicht, ragen linker Hand auf einem Hügel die Ziegelbauten des Cham-Heiligtums ***Po Klaung Garai** auf. Die Entstehungszeit ist unklar, doch gehört das Ensemble zur späten Phase der Cham-Bauten aus dem 13. oder 14. Jh. Der ganze Hügel war einst von einer Mauer umgeben; der Zugang befand sich im Osten, wo die Sonne aufgeht. Über eine Treppe stiegen die Priester hoch zum Torturm, der direkt in das kleine *mandapa,* die offene Halle zur Vorbereitung der Zeremonien, führte. Auf einem kurzen gepflasterten Gang erreichten sie das *kalan,* das eigentliche Turmheiligtum. Der Turm hat hier ein deutliches Vestibül, über dessen Eingang ein Steinrelief den tanzenden Gott Shiva mit sechs Armen zeigt. Hinter der Holztür blickte eine Statue des Stiergottes Nandi in den dunklen und engen quadratischen Innenraum. Dort ist Shiva durch ein Mukha-Lingam verkörpert: Der Phallusstein hat ein eingeschnittenes Gesicht, das den Zügen eines Cham-Königs nachgebildet ist, der sich so mit dem Gott identifizierte.

Außen gliedern rechteckige Halbpfeiler die Wände des Turms, jede Seite besitzt einen Scheineingang, in dessen Nische Reliefs von Göttern in Meditationshaltung sitzen. Das dreistufige Dach ist

5

Seite
81

stark durch aufgesetzte Ecktürme und weitere Nischen gegliedert. Auf der Südseite steht die gut erhaltene Bibliothek, zwei Räume mit großen Fenstern zur Aufbewahrung von Opfergaben und Zeremonialgegenständen. Sie trägt ein typisches gewölbtes Dach mit weit aufragenden Ecken.

Wenn Sie auf die N 1 abgebogen sind, sehen Sie bald abseits der Straße den Cham-Turm **Hoa Lai** aus dem 8. Jh. Er ist allerdings stark verfallen und bisher nicht restauriert. Einige Kilometer weiter geht rechts die Straße nach **Cam Ranh** ab, dem größten Naturhafen Vietnams, den zuerst die USA, danach die Sowjetunion als Flottenstützpunkt nutzten.

** Nha Trang

Die weitläufige Hafenstadt liegt zwischen zwei 700 m bis 900 m hohen Gebirgszügen und dem Südchinesischen Meer. Ein 5 km langer Sandstrand jenseits einer wenig befahrenen Uferstraße bietet genügend Platz zur Entspannung; ein richtiges Strandleben mit Cafés und Liegestühlen entfaltet sich gerade an einigen Stellen.

Bis Anfang dieses Jahrhunderts breiteten sich im Gebiet der heute 200 000 Einwohner zählenden Stadt nur einige Dörfer aus, und als Alexandre Yersin (s. S. 84) sich 1893 hier niederließ, schätzte er gerade die Abgeschiedenheit der Gegend. Die Städter leben heute von Landwirtschaft und Fischfang, der in den tiefen und strömungsreichen Gewässern vor der Küste noch recht ertragreich ist. Auf flachen Feldern am Meer wird Salz gewonnen, und einige Industriebetriebe produzieren Textilien, Schuhe und Zement.

5 km südlich der Stadt liegt auf einer Halbinsel mit einem kleinen Hafen das 1923 gegründete **Ozeanographische Institut**. Wegen des Fisch- und Korallenreichtums vor der Küste siedelte man hier eine Forschungsstation an, die heute Tausende von lebenden oder präparierten Meeresbewohnern im

Reste des ehemaligen Cham-Heiligtums Po Klaung Garai aus dem 13. oder 14. Jh.

Literaturtips

5

Seite 81

Eine der bekanntesten Schriftstellerinnen Vietnams ist die 1947 geborene Duong Thu Huong. Ihre Romane sind ein kritischer Zustandsbericht der vietnamesischen Gesellschaft. Ins Deutsche wurden bisher übersetzt: *Bitterer Reis* (München, 1991), *Liebesgedichte, vor der Morgendämmerung erzählt* (München, 1992) und *Roman ohne Titel* (Bad Honnef, 1995).

Marguerite Duras, die 1914 in Vietnam geborene Schriftstellerin, Drehbuchautorin und Regisseurin, verarbeitet in ihren Romanen immer wieder ihre Kindheit und Jugend in der oft unwirtlichen Kolonie. *Heiße Küste* (Frankfurt, 1988) schildert das tragische Schicksal einer französischen Witwe und ihrer Kinder, die nicht zu den Gewinnern des Kolonialllebens gehörten. Durch seine Verfilmung wurde der Roman *Der Liebhaber* (Frankfurt, 1985) weltweit bekannt.

Aquarium und in Schaukästen ausstellt. (◷ tgl. 7.30–12 und 13 bis 16.30 Uhr.)

Etwa 200 m weiter führt eine Straße hinunter zu den **Cau-Da-Villen,** in den 20er Jahren für das Königshaus errichtet, heute eine abgelegene und ruhige Hotelanlage mit großen Zimmern inmitten des weitläufigen Gartens. Vom nicht so beeindruckenden Hotelstrand aus kann man Boote für Ausflüge zu vorgelagerten Inseln chartern. Am weitesten ist es bis **Hon Yen,** der Schwalbeninsel, wo mutige junge Männer in die Felsen klettern und die Schwalbennester ernten, wenn die Jungen ausgeflogen sind. Die vor allem aus Speichel bestehenden harten Gebilde gelten in einigen asiatischen Ländern als Delikatesse. Wesentlich näher liegt **Hon Tre,** die Bambusinsel, mit mehreren schönen Stränden und Gelegenheit zum Schnorcheln. Auf der direkt vor der Küste gelegenen **Hon Mieu** werden in Buchten und Dörfern Fische und Krustentiere gezüchtet.

Die lange Uferstraße führt weiter, vorbei am Flughafen und der Strandpromenade, bis fast zum Fischereihafen im Norden der Stadt. Kurz vor ihrem Ende kann man im **Pasteur–**

Institut Arbeitsplatz und Gerätschaften Yersins (s. S. 84) besichtigen.

Wenn Sie dann stadteinwärts abbiegen, kommen Sie in die lebhafte Marktgegend. Das Zentrum bildet die große Markthalle **Cho Dam,** wörtlich „Markt im Sumpf", denn die morastige Gegend wurde erst in den 60er Jahren trockengelegt, und nach vielen Plänen und Bauanfängen wurde der Markt 1972 eingeweiht. Dann folgten Zerstörungen bei den Befreiungskämpfen und eine Neueröffnung 1978.

Einen Kilometer westlich des Marktes, an der Duong 23 Thang 10, der Ausfallstraße zur N 1, überblickt eine riesige weißgetünchte Buddhafigur den größten Teil der Stadt. Sie ist die neueste Errungenschaft (1963) des um 1890 gegründeten **Chua Long Son,** der allerdings in den 40er Jahren neu entstand, als sich die wachsende Stadt langsam dem vorher einsamen Hügel näherte. In dieser Zeit erhielt sie auch einen 1,6 m hohen Bronze-Sakyamuni. Zu Füßen des großen weißen Buddha haben Sie eine schöne Aussicht über Stadt und Meer.

Wenn Sie vom Markt nach Norden fahren, kommen Sie zum **Hafen.** Zahlreiche Fischerboote und größere Küstenschiffe liegen in der natürlichen Flußmündung des Cai zwischen mehreren Inseln. Wenn Sie zu Fuß über die Brücken, vor allem die zweite, gehen, können Sie die Fischer in ihren wackligen Körben von Boot zu Boot rudern sehen (s. links).

Gleich hinter der zweiten Brücke ragt auf der linken Seite das **∗∗Cham-Heiligtum Po Nagar** auf. Schon im 2. Jh. soll auf diesem Hügel ein Tempel gestanden haben, die Cham bauten dann einen neuen aus Holz, der 774 von javanischen Kriegern zerstört wurde. Danach entstanden die ersten Ziegelbauten, die teilweise aber wieder abgerissen und zu neuen, größeren Bauwerken verarbeitet wurden. Die heute erhaltenen Türme stammen aus dem 9. bis 13. Jh. Auf Straßenniveau sind die

Schiffahrt auf Vietnamesisch

Kreisrunde Körbe von etwa 2 m Durchmesser sind die Nahverkehrsmittel auf dem nassen Element – geflochten aus dünnen Zweigen und mit Pech versiegelt. In diesen wackligen Gefährten stehen oder hocken die Passagiere, während der Kapitän gleichzeitig Motor und Steuerrad bedient: ein Stechpaddel. Die Fischer lernen schon von Kindesbeinen an, mit den Körben umzugehen, doch auch die größte Geschicklichkeit wird wohl ein gelegentliches Bad nicht verhindern können.

Überreste eines sehr großen *mandapa* zu erkennen, das 24 achteckige Säulen und ein bootförmiges Dach besaß. Dahinter führte eine steile Treppe den Hügel hinan zu dem als Nordturm bezeichneten Haupttempel, der mit 22,8 m sehr hoch ist und in seiner heutigen Form aus dem 11. Jh. stammt.

Ausgeprägte Doppelpilaster und Arkaden schmücken den Turm, kleine Türme und Figuren von kosmischen Tänzerinnen das dreistöckige Dach.

In die Säulen des Vestibüls wurden zwischen dem 11. und 13. Jh. Berichte über Opferfeiern eingraviert, über dem Eingang zeigt ein Relief den tanzenden Shiva auf dem Rücken des Stiers Nandi, umgeben von Musikanten.

Im Innern blieben die beiden einzigen Holztüren von Cham-Heiligtümern erhalten. Sie geben den Blick frei auf die Figur der Muttergöttin der Cham, Yang Ino Po Nagar, dargestellt als vielarmige indische Göttin. Dreimal im Jahr – zum Tet-Fest, am 30. März und am 15. Juli – werden ihre prachtvollen Gewänder in einer aufwendigen Zeremonie gewechselt.

Die anderen vier erhaltenen Türme, von urspünglich zehn, waren weniger wichtigen Göttern geweiht und fallen deshalb auch architektonisch ab. Der niedrige Nordwestturm (10. Jh.), mit Tiergöttern geschmückt, ist dem Gott der Weisheit, dem elefantenköpfigen Ganesh, geweiht und trägt ein gewölbtes Dach, das man sonst auf Bibliotheken findet. Der mittlere Turm entstand im 12. Jh. aus den Ziegeln verfallener Heiligtümer, ahmt zwar den Nordturm nach, hat aber nur ein einstufiges Dach und wenig Verzierungen. Der Südturm aus dem 12. Jh. und der Westturm aus dem 9. Jh. sind noch nicht restauriert.

Ein kleines Museum stellt Fotos der Restaurierungsarbeiten aus. Auf dem Hügel können Sie den Blick über Hafen, Stadt und Meer schweifen lassen – umschwärmt von Scharen von Getränkeverkäufern.

Po Nagar: Bereits im 2. Jh. stand dort ein Tempel

Einladender Strand in der Hafenstadt Nha Trang

Hafenidylle

5

Seite 81

Jetzt ist es wieder Zeit, am Strand auszuruhen und sich die Hauptdarsteller einer legendären Liebesgeschichte vorzustellen. 500 m stadtauswärts von Po Nagar führt eine schmale Straße zum **Hon-Chong-Felsen** am nördlichen Sandstrand. Auf dem Felsen können Sie einen etwa 1 m großen Handabdruck deutlich erkennen. Eines Tages schaute ein im Himmel lebender Riese einer Fee zu, die am Strand nackt badete. Zur Strafe fiel er aus allen Wolken, doch die beiden verliebten sich ineinander und lebten zusammen. Die Götter tolerierten das ungewöhnliche Paar jedoch nicht und verbannten den Riesen in ein fernes Land. Lange wartete die Fee auf seine Rückkehr, doch schließlich legte sie sich nieder und erstarrte zu Stein – den Feenberg sehen Sie ein Stück landeinwärts. Nach Jahrmillionen kehrte der Riese geläutert zurück und erkannte die Fee im Berg. Da verneigte er sich vor ihr, hinterließ dabei den Handabdruck und wurde ebenfalls zu Stein.

❶ **Khanh Hoa Tourism,** 1 Tran Hung Dao, ☎ 01/58/22753, 🖷 21912.

🏠 **Cau Da Villas,** Vinh Nguyen, ☎ 01/58/81049, 🖷 81471. Wer Ruhe und Abgeschiedenheit sucht, ist hier richtig: 5 Villen mit 30 riesigen Zimmern 5 km südlich der Stadt an einem (nicht sehr sauberen und etwas steinigen) Privatstrand. Ⓢ
Grand, 44 Tran Phu, ☎ 01/58/22445. Eine riesige Villa in einem großen, etwas kahlen Garten an der Strandpromenade. Ⓢ
Hai Yen, 40 Tran Phu, ☎ 01/58/22828, 🖷 21902. Großes Hotel mit sehr unterschiedlichen Zimmern direkt gegenüber dem schönsten Teil der Strandpromenade. Ⓢ
Vien Dong, 1 Tran Hung Dao, ☎ 01/58/21606, 🖷 21912. Neueres Hotel nicht weit vom Strand entfernt, mit Sporteinrichtungen und Swimmingpool. Ⓢ
Thong Nhat, 18 Tran Phu, ☎ 01/58/22511. Einfaches Haus am oberen Teil des Strandes. Ⓢ

🍴 **Phuong Cau,** 10 Phuong Cau. Großes neues Restaurant mit vietnamesischer und internationaler Küche, nicht weit vom Markt. Ⓢ
Lizard, gegenüber dem Hotel Vien Dong. Schwelgen Sie in Fischspezialitäten. Ⓢ
Gute Küche bieten die staatlichen Hotels, etwas einfacher geht es in zahlreichen Gartenrestaurants entlang der Strandpromenade zu.

Ausflug ins Hochland: In der Umgebung von **Buon Ma Thuot** können Sie Wasserfälle, Seen, Dörfer von Bergvölkern und das Elefantendorf Ban Don besuchen. Die Dickhäuter werden dort zu Arbeitstieren ausgebildet. Eine eigene Erfahrung ist ein zweistündiger Ritt durch die Botanik, in Tragekörben an den grauen Riesen festgemacht. Die Fahrt von Nha Trang nach Buon Ma Thuot dauert 3 bis 4 Stunden, zum Elefantendorf brauchen Sie weitere anderthalb Stunden; mindestens eine Übernachtung ist also erforderlich. Die Hotelstandards im Hochland sind sehr einfach.

❶ **Dak Lak Tourist,** 3 Phan Chu Trinh, Buon Ma Thuot, ☎ 01/50/52324, 🖷 52865.
✈ Hanoi, Ho-Chi-Minh-Stadt.
🏠 **Thang Loi,** 1 Phan Chu Trinh, ☎ 52322, 🖷 52865. Ⓢ

_____

Rund 460 km sind es zurück nach Ho-Chi-Minh-Stadt. Da die Nationalstraße 1 gut ausgebaut ist, können Sie es in fünf Stunden schaffen. Hinter _Phan Rang_ kommen Sie durch einige ChamDörfer, und entlang der Küste können Sie die Salzgewinnung beobachten. Wenn Sie es nicht eilig haben, lohnen Stopps bei den Cham-Türmen **Po Rome** (Abzweig in Hau Sanh) und **Phu Hai** (kurz vor Phan Thiet). Dann wendet sich die Straße weg vom Meer und führt durch große Kautschukplantagen. Bald wird der Verkehr stärker, und man merkt, daß die Millionenmetropole des Südens einem ihre gierigen Arme bereits entgegenstreckt.

5

Seite
81

Praktische Hinweise von A–Z

Ausrüstung und Gepäck

Neben lockerer Baumwollkleidung, festen Schuhen und, je nach Reisezeit, einem Regenschutz sollten Sie einpacken: Mückenschutzmittel, Sonnenschutz (Hut, Brille, Creme), Plastiksandalen, Handtücher (wenn Sie in entlegene Gegenden fahren), Taschenlampe und Taschenmesser, genügend Filme und Ersatzbatterien für Ihre Kamera.

Zusätzliche Paßfotos und Kopien Ihrer Reisedokumente sind manchmal erforderlich.

Diplomatische Vertretungen

Botschaften der SR Vietnam:
Konstantinstr. 37, 53179 Bonn,
☎ 02 28/35 70 21, 🖷 35 18 66
(Außenstelle: Königswinterstr. 28, 10318 Berlin, ☎ 0 30/5 09 90 22, 🖷 5 09 91 41).
Anton-Langer-Gasse 131, 1130 Wien, ☎ 02 22/8 04 33 77, 🖷 8 02 22 23.
Konsularabteilung der Ständigen Vertretung bei den VN, 34 chemin François Lehman, 1218 Grand-Saconnex-Genève, ☎ 0 22/7 98 24 85, 🖷 7 98 07 24.

Europäische Vertretungen in Vietnam:
Deutsche Botschaft, 29 Tran Phu, Hanoi, ☎ 01/4/253836, 🖷 253838.
Deutsches Generalkonsulat, 126 Nguyen Dinh Chieu, Q3, Ho-Chi-Minh-Stadt, ☎ 01/8/291967, 🖷 231919.
Die zuständige österreichische Botschaft: 44 Jl. Diponegoro, Jakarta 10001, Indonesien, ☎ +62/21/338101, 🖷 3904927.
Schweizer Botschaft, 77B Duong Kim Ma, Hanoi, ☎ 01/4/232019, 🖷 232045.

Einkaufen

Schöne Souvenirs sind Masken und Wasserpuppen, die Sie vor allem in Hanoi bekommen. Seidenstoffe und -kleidung gibt es besonders schön in Hoi An. In Hanoi und Ho-Chi-Minh-Stadt arbeiten preisgünstig Schneider. Und nicht vergessen: Immer und überall ist Handeln oberstes Gebot.

Einreise und Ausreise

Die Einreise ist nur mit gültigem, gebührenpflichtigem Visum möglich. Fordern Sie mindestens vier Wochen vor Abreise mittels adressiertem und frankiertem Rückumschlag bei der nächstgelegenen diplomatischen Vertretung Antragsformulare und Merkblatt an. Im Flugzeug füllen Sie die verteilten Einreise- und Zollformulare aus. Im Zollformular müssen Sie Devisen und alle wertvollen Gegenstände auflisten (elektrische Geräte, Kameras, Schmuck etc.), die bei der Einreise überprüft werden und wieder auszuführen sind. Das Zollformular wird abgestempelt und muß bei der Ausreise wieder vorgelegt werden. Schwierigkeiten kann es bei Videofilmen und Büchern geben, die gelegentlich zur einer Woche dauernden „kulturellen Inspektion" müssen. Gesucht wird nach politisch subversivem Material und Pornographie (weite Auslegung). Alle Gepäckstücke werden bei Einreise durchleuchtet.

Der Ausreiseort muß im Visumsantrag angegeben werden und wird in das Visum eingetragen. Änderungen und Verlängerungen sind bei den Polizeibehörden im Land möglich.

Elektrizität

In den Städten beträgt die Netzspannung meist 220 V, in manchen Gebieten aber 110 V. Die Steckdosenvarianten sind vielfältig, so daß Sie einen Universaladapter mitbringen sollten. Stromausfälle werden immer seltener, aber es gibt Netzschwankungen, die für empfindliche Geräte gefährlich sind.

Feiertage

Staatliche Feiertage sind: 1. Januar; 3. Februar (Gründung der KP, 1930); *tet* (vietnamesisches Neujahr nach dem Mondkalender, zwischen Mitte Januar und Mitte Februar, 2 Tage); 30. April (Vereinigungstag, 1975); 1. Mai; 19. Mai (Geburtstag Ho Chi Minhs, 1890); 2. September (Unabhängigkeitstag, 1945); 3. September (offizielle Feier des Todestags Ho Chi Minhs).

An diesen Tagen sind Banken und Ämter geschlossen, die meisten Läden aber offen. Ausnahme ist nur *tet,* an dem selbst private Restaurants zu sind.

Fotografieren

Außer bei militärischen Einrichtungen haben Fotografen kaum Schwierigkeiten. Bei Menschenporträts sollten Sie vorher das Einverständnis einholen. Normale Filme gibt es in größeren Orten, dort werden auch (mäßig gute) Abzüge gemacht.

Geld und Währung

Der vietnamesische Dong (d) darf weder ein- noch ausgeführt werden. Es gibt nur Scheine im Wert von 200, 500, 1000, 2000, 5000, 10 000, 50 000 und 100 000 Dong. Seit kurzem liegt die Inflation wieder über 10 %, das Tauschverhältnis zum US $, der wichtigsten Fremdwährung, geht langsam auf 12 000 Dong für einen Dollar zu.

Banken tauschen Reiseschecks und Bargeld, in Hanoi und Ho-Chi-Minh-Stadt (dort kann man in internationalen Hotels mit Kreditkarten bezahlen) auch andere Währungen als US $.

Es ist dringend zu empfehlen, US $ in bar mitzubringen, aber nur saubere, unbeschädigte Scheine. Lassen Sie sich auch kleine Einheiten geben, denn in abgelegenen Gebieten gibt es oft kein Wechselgeld. Touristen müssen Flugscheine, Bahnfahrkarten, Mietwagen und Hotels in Dollar bezahlen – und auch sonst sind, vor allem im Süden, die grünen Scheine sehr beliebt.

Gesundheitsvorsorge

Impfungen sind nicht vorgeschrieben (Tetanus- und Polioimpfschutz sollte aber wirksam sein). Verunreinigtes Trinkwasser und andere Reinheitsprobleme führen gelegentlich zu Cholera oder Typhus bei Einheimischen; vorsichtige Touristen sind kaum gefährdet.

Ein großes Problem ist die Malaria, da es seit Einsatz der US-Armee praktisch keine wirksame Prophylaxe mehr gibt. Erkundigen Sie sich beim Tropeninstitut und nehmen Sie Behandlungsmittel mit. Schützen Sie sich in der Dämmerung durch bedeckende Kleidung und Insektenmittel, schlafen Sie unter Moskitonetzen, wo dies erforderlich ist. Die Inkubationszeit beträgt meist 7 bis 20 Tage, kann aber auch erheblich länger sein. Symptome sind Fieber, Schwindelgefühle, Schüttelfrost und Kopfschmerzen. Nehmen Sie also eine „Grippe" auf oder auch lange nach der Reise ernst und lassen Sie einen Malariatest durchführen.

Vietnam ist ein anstrengendes Reiseland, für das eine gute körperliche Verfassung unbedingt nötig ist. Hohe Luftfeuchtigkeit und große Hitze erfordern eine ausreichende Flüssigkeitsaufnahme. Leitungswasser ist aber tabu!

Ärztliche Behandlungen sind schwierig; es fehlt an Medikamenten und Apparaten. Nehmen Sie also Medikamente, die Sie regelmäßig brauchen, in ausreichender Menge mit. In die Reiseapotheke gehören Medikamente gegen Malaria, Schmerzmittel, Elektrolyte (Durchfallerkrankungen), Desinfektionsmittel, Wund- und Brandsalbe, eine Salbe gegen Prellungen, Zerrungen und Verstauchungen, Heftpflaster und Verbandszeug; ganz Vorsichtige nehmen auch sterile Einmalspritzen mit. Falls unterwegs eine Behandlung nötig sein sollte, wenden Sie sich zunächst an Ihren Reiseleiter oder Ihr Hotel, die einen Arzt vermitteln können. Bei schweren Fällen sollten Sie die Ausreise zumindest nach Singapur, Hongkong oder Bangkok ins Auge fassen.

Informationen

Derzeit gibt es im deutschsprachigen Raum weder Fremdenverkehrsamt noch sonstige Infostellen. Die Botschaft ist nicht sehr auskunftsfreudig.

Öffnungszeiten

Banken: Mo–Fr, meist 7.30–11.30 und 13.30–15.30 Uhr.
Post: meist tgl. 7.30–19 Uhr, in kleineren Orten oft Mittagspause und kürzer.
Museen: meist 8–11.30 und 13.30 bis 16 Uhr, montags geschlossen.
Läden: keine Regelung. Die meisten Läden öffnen täglich früh am Morgen und schließen bei Sonnenuntergang, in den Großstädten oft erst um 20 oder 21 Uhr.

Post und Telefon

Auslandspost ist im Vergleich zur Inlandspost recht teuer, oft werden zum Leidwesen der Philatelisten statt Briefmarken Freistempelmaschinen verwendet.

Marken bekommen Sie im Postamt. Eine Karte nach Europa braucht etwa 10 Tage.

Auslandstelefongespräche müssen vermittelt werden, was in den großen Postämtern dank Satellitenverbindung sehr schnell geht. Drei Minuten nach Westeuropa kosten etwa 20 US $. Die Hotels berechnen mehr. Vorwahlen: Deutschland 00 49, Österreich 00 43, Schweiz 00 41.

Innerhalb Vietnams beginnt die Vorwahl mit 01, dann folgt die Ortsnetzkennzahl. Die wichtigsten: Da Lat 63, Da Nang 51, Hanoi 4, Ho-Chi-Minh-Stadt 8, Hue 54, Nha Trang 58, Vung Tau 64. Vietnam hat die Landesvorwahl 00 84. Wenn Sie von Europa anrufen, müssen Sie die 01 weglassen und die Ortsnetzkennzahl sowie die Teilnehmernummer anfügen.

Für Gespräche innerhalb des Landes stehen immer mehr Telefonzellen zur Verfügung. Die benötigten Telefonkarten erhalten Sie in den Postämtern.

Trinkgeld

Im Sozialismus gibt es offiziell keine Trinkgelder, und in vielen kleinen Restaurants unterwegs werden sie auch nicht erwartet. Vor allem im Süden setzen sich aber inzwischen internationale (Un-)Sitten durch. Wenn Sie länger mit Reiseleiter, Fahrer und Dolmetscher unterwegs waren, sind einige Dollar aber nicht falsch.

Zeit

Mitteleuropäische Zeit (MEZ) plus sechs Stunden, während der europäischen Sommerzeit plus fünf Stunden.

Zeitungen

Die englischsprachigen vietnamesischen Zeitungen und Zeitschriften wie etwa die *Vietnam Economic Times* richten sich vor allem an Geschäftsleute, haben aber auch Tips zu neuen Restaurants, Kneipen und ähnlichem. Einige internationale Magazine, meist englischsprachig, sind an den Kiosken erhältlich. Vor allem in Saigon bieten Straßenhändler frisch gebügelte Blätter aus den Flugzeugen an.

Zoll

Vgl. Ein- und Ausreise. Zollfrei einführen darf man neben den Gegenständen für den persönlichen Gebrauch 1 l Alkohol, 200 Zigaretten oder 50 Zigarren oder 250 g Tabak. Die Ausfuhr von Antiquitäten ist nur mit Genehmigung erlaubt. Ansonsten sind· die Zollfreigrenzen bei Wiedereinreise im Heimatland zu beachten. Für Deutschland, Österreich und die Schweiz gilt: 1 l Hochprozentiges oder 2 l Wein, 200 Zigaretten oder 50 Zigarren oder 250 g Tabak, Geschenke bis 350 DM, 2500 öS bzw. 200 sfr. Nach dem Washingtoner Artenschutzabkommen ist die Einfuhr von Waren verboten, die aus geschützten Tieren hergestellt werden. Dazu zählen Elfenbein, Schlangenleder, Schildpatt u. ä. Derartige Gegenstände werden rigoros beschlagnahmt, außerdem drohen empfindliche Strafen.

Sprache, Namen und Anrede

Die vietnamesische Sprache besteht aus einer Aneinanderreihung einzelner Silben, die in der Regel für sich eine Bedeutung tragen; manchmal werden aber auch zwei Silben benötigt, um ein Ding zu beschreiben: Beispielsweise heißt *nha* Haus, *nha hat* Theater. Bei einigen aus Fremdsprachen übernommenen Begriffen folgt man der Lautung: *ca phe* ist Kaffee. Die Silben können in bis zu sechs verschiedenen Tonhöhen gesprochen werden und ändern dabei jedesmal ihre Bedeutung. Die einfache Silbe *ga* bedeutet so Bahnhof, Huhn, verpfänden, Einwilligung zur Eheschließung der Tochter, Bursche oder verführen. Welche Tonhöhe gerade gemeint ist, gibt man in der Schrift durch Tonzeichen über oder unter den Vokalen an.

Der Einfluß des Chinesischen auf die vietnamesische Sprache ist sehr groß, vor allem Kantonesisch ist in vielerlei Hinsicht ähnlich. Auch die erste vietnamesische Schrift, das *chu nom*, basierte auf der chinesischen Zeichenschrift. Die französischen Missionare setzten alles daran, eine Umschrift der Zeichen auf der Basis des lateinischen Alphabets zu erreichen. Besonders verdient machte sich dabei Alexandre de Rhodes, der 1651 ein Wörterbuch herausgab und als Vater der heute allgemein verbreiteten Schrift, des *quoc ngu*, gilt.

Sie besteht aus 22 lateinischen und einer ganzen Reihe von zusätzlichen, leicht abgewandelten Buchstaben (z. B. Đ), die aber nicht immer so wie im Deutschen ausgesprochen werden. Die zahlreichen diakritischen Zeichen geben Aufschluß über die Ausprache; da diese für den ausländischen Touristen ohnehin zu schwierig ist, wurden die Zeichen der Lesbarkeit wegen in diesem Reiseführer weggelassen. Mit Ausnahme von Saigon und Hanoi, den im Deutschen geläufigen Städtenamen Vietnams, folgt die Schreibweise den vietnamesischen Silben.

Die korrekte Anrede eines Gegenübers ist so kompliziert, daß selbst die modernen Vietnamesen sie kaum noch vollständig beherrschen, denn sie berücksichtigt das Geschlecht, das Alter und die soziale Stellung beider Personen. Ausländern werden Fehler daher leicht verziehen. Sich selbst bezeichnet man in der Regel als *toi* (ich), während man Männer im Alter von 30 bis 60 mit *ong* anredet, gleichalte Frauen mit *ba*. Eine Du-Form unter Freunden ist für Frauen und Männer *ban*. Sie können die Anrede aber auch zugunsten der Höflichkeitsfloskel *xin* (bitte) weglassen und mit einem *xin loi* (Entschuldigen Sie bitte) die Aufmerksamkeit in Läden oder Restaurants auf sich ziehen. Guten Tag heißt *xin chao*, Auf Wiedersehen *tam biet* und danke *cam on*.

Der Familienname wird immer vorangestellt, ihm folgen die persönlichen Namen, in der Regel zwei. Der mittlere Name ist oft ein Generationenname, den die Eltern allen ihren Kindern, ob männlich oder weiblich, verleihen. Der eigentliche persönliche Name ist also der letzte. Mit ihm spricht man sich auch gegenseitig an, und zwar ohne weitere Anrede. Ein Vietnamese wird sich Ihnen demnach mit diesem persönlichen Vornamen vorstellen. Im Umgang mit Ausländern hat es sich inzwischen eingebürgert, diesem Namen die entsprechende Anrede (Mr., Mrs.) voranzustellen.

Register

Bildnachweis

Alle Fotos Nicole Häusler außer Archiv für Kunst und Geschichte, Berlin: 19/1. Volkmar Janicke: 9/1, 11, 13, 29/3, 31/1-2, 33, 45, 61/3, 63/2-3, 65/3, 67/2, 71, 77/2, 83/3, 85/1-2, 87, 89/2-3. Sabine von Loeffelholz: 15, 37/1, 47/1, 63/1, 65/1, 75/1, 89/1. Martin Petrich: 6, 23/1+3, 35/2, 37/3, 41/2-3, 43/1, 57/1, 59/1, 61/1-2, 65/2, 67/1. Dirk Renckhoff: 25, 35/3, 57/2-3, 83/1-2. Ullstein Bilderdienst/Camera Press Ltd.: 19/2. Mauritius/Kugler: Umschlag (Bild). Superbild/Bernd Ducke: Umschlag (Flagge).